IoT、ロボット、AI、
そしてビッグデータ

小さな企業の活用術

—第四次産業革命が
従来型産業にもたらす新たなチャンス—

日本政策金融公庫総合研究所 編

はしがき

本書の目的は、最先端技術を生かす小さな企業の姿を描き出すことである。

ここでいう最先端技術は、いわゆる第四次産業革命を代表するＩｏＴ、ロボット、ＡＩ、ビッグデータの四つである。しかし、本書が描く対象は、これらの技術の開発に携わる技術系ベンチャー企業ではない。小売り、サービス、飲食といった従来型の産業にあって、四つの技術のいずれかを巧みに取り入れて独自のビジネスモデルの構築に成功している小さな企業である。

わが国の中小企業基本法は、製造業や建設業で従業員数20人以下、商業・サービス業で同じく5人以下の企業を小規模企業と定義する。一般的な見方からすれば、わたしたちが日頃目にするこうした小さな企業と第四次産業革命とはストレートに結びつかないだろう。小企業はヒト、モノ、カネ、情報といった経営資源に乏しく、その多くは最先端技術を導入することに消極的である。経営者の高齢化が進んでいるため、リスクをとって新たな分野に踏み出すのに抵抗感を覚えるのも仕方のないことだろう。小さな企業であればあるほど、手づくりの製品や心のこもったサービスなど顧客との属人的なつながりを重視する事業スタイルを採る企業が多い。このことも、第四次産業革命とは隔絶したイメージにつながっている。

しかし、われわれは実地の企業取材を通じて、自らの事業スタイルの一部に最先端技術をうまく取り入れ、見事に調和を図っている小企業があることを知った。少しフライングになるが、先に企業事例の一部を紹介すると、ロボットがコーヒーを淹れるカフェがある。店内は従来のカフェとほとんど変わらない光景だが、豆を挽く、湯を沸かしてドリッパーに注ぐという工程をロボットに任せることで、経験の少ない従業員でも有名バリスタに負けない味と香りのコーヒーを提供できるようにしている。また、あるプリンターメーカーは、ＩｏＴを使って食品用プリンターの稼動状況を居ながらにして監視できるようにした。各地に納入した製品の保守サービスを機動的に提供できるようになったことから得意先の厚い支持を得ている。

本書が主張したいのは、伝統的な産業の小企業と第四次産業革命はけっして相いれないものでなく、職人的な技術・サービスや顧客との属人的なネットワークなど小企業ならではのビジネスモデルの随所にＩｏＴやロボット、ＡＩやビッグデータを活用することで、小企業としての魅力を倍加させることが可能だということである。小企業の経営者のなかには、そんな先端技術を自分が使いこなせるわけがないと決め込んでいる方もあるに違いない。しかし、今回取材を行った企業の経営者はＩＴに詳しい若い方たちばかりではなかった。専門家のアドバイスや支援機関のコーディネートを有効利用することで先端技術に対するハードルは下がる。取材した企業によれば、汎用システムとカスタマイズをうまく組み合わせれば導入や運用のコストも驚くような額にはならないらしい。本書で紹介する成功事例のなかには、独創力を発揮して誰も思いつかなかったビジネスモデルをつくり上げたケースもあれば、日頃から不便に感じていたことやちょっとした疑問を解決しようとしたことが飛躍のきっかけになったケースもある。所帯が小さく柔軟な意思決定ができる小企業だからこそ、機を見るに敏という面もあるわけだ。むろん、最先端技術の活用はあくまで手段であって目的ではない。常日頃から問題意識と向上意欲をもって小さな企業らしいユニークな事業を追求しようとすればこそ、その手段として最先端技術の恩恵に預かるチャンスはどんな経営者にもあるということだろう。

日本政策金融公庫は、小規模事業者、中小企業、農林水産事業者など市場メカニズムだけに委ねていては資金を調達することが必ずしも容易ではない方々に資金を供給する政策金融機関である。日本政策金融公庫総合研究所は、百万社近い顧客をもつ公庫ならではのネットワークを最大限に活用し、アンケート調査、ヒアリング調査などのフィールドワークを重視する研究を旨としてきた。小規模事業者の分野については、従業者が原則20人未満の小企業を対象に毎年テーマを決めて実地取材を重ねる経営工夫事例集を出版してきている。２００８年10月に当研究所が発足して以来、本書は13冊目の事例集となる。

本書は２部構成となっている。第Ⅰ部の総論では、第四次産業革命の技術を活用して小さな企業ならではの柔軟なビジネスを展開するためには、どのような取り組みが求められるのか、事例企業の間に共通点を探った。執筆は当研究所研究員の山崎敦史が担当した。第Ⅱ部の事例編では、取材を行った企業の取り組みの詳細を、経営者に対するインタビューの形式で紹介している。取材と執筆は山崎のほか、主任研究員の藤田一郎、近藤かおり、研究員の笠原千尋、尾形苑子、篠崎和也、秋山文果、星田佳祐、青木遥が担当した。編集については、㈱同友館の神田正哉氏をはじめ編集部の方々にご尽力いただいた。そして何より、ご多忙のなかにもかかわらず、わたしどもの取材に快く応じ、貴重なお話を聞かせてくださった企業経営者の皆さまに記して御礼申し上げたい。

わが国では、昨年春から新型コロナウイルス感染症が猛威を振るい、多くの小企業が深刻な影響を受けた。きわめて残念なことであるが、売り上げ不振によって倒産に追い込まれた企業や営業自粛を機に廃業を決めた企業も少なくない。しかし一方で、ウィズコロナの新常態に対応し、リモート営業やテイクアウト販売など事業のやり方を少しずつ変えて生き残った小企業もあまたある。逆に医療・衛生、情報通信や、食品、文化、娯楽などの巣ごもり需要分野では新たなニーズを開拓し成功した小企業もある。IoT、ロボット、AI、ビッグデータの四つは生産性の向上という元来の目的に加えて、人と人との接触を抑制することから生じる、テレワークや週末起業などの働き方の多様化、大都市から地方への移住ニーズといった新たな動きにとっても、大いに有用な技術領域といえる。顧客との属人的なつながりを強みとする小さな企業のビジネスを、新常態のなかで支えていく手段として欠かせないものとなっていく可能性もある。コロナ後の世界でも小さな企業が小さな企業らしい魅力的なビジネスを展開していくうえで、本書がその一助となるのであれば望外の喜びである。

２０２１年６月

日本政策金融公庫総合研究所

所長　武士俣 友生

目次

第Ⅱ部　事例編

第Ⅰ部

総　論

独自のアイデアで最先端技術を使いこなす小企業

日本政策金融公庫総合研究所
研究員　山崎　敦史

第1章　第四次産業革命が小企業に問いかけていること

(1) 第四次産業革命の特徴

ＩｏＴ、ロボット、ＡＩ、ビッグデータなどの技術革新により、「第四次産業革命」が始まったといわれている。この言葉は、２０１３年、ドイツが製造業の工場に情報通信技術を導入するため「インダストリー４・０構想」を発表した際、通常の技術革新とは異なる、大変革であることを強調するために使い始めたものである（岩本、２０１８）。

産業革命の歴史は、自動化の歴史である。第一次産業革命は18世紀後半の英国で起きた（表Ⅰ－１）。主役となった綿工業は、紡績機が発明されたこと、蒸気機関による動力を獲得したことで、手工業から脱皮した。これ以降さまざまな軽工業で機械化が進んだ。19世紀後半にドイツや米国を発信地とした第二次産業革命では、ガソリンエンジンや電気モーターが開発されて動力がパワフルになり、大量生産が可能になった。鉄鋼業や造船業など重工業が特に発展したが、技術が進歩してエンジンやモーターの小型化が進むと、それまで機械が導入

表-1　過去の産業革命の概要

	時　期	技術革新	特　徴	発展の中心
第一次産業革命	18世紀後半～ 19世紀中頃	蒸気機関、 紡績機	動力の機械化	軽工業
第二次産業革命	19世紀後半～ 20世紀初頭	内燃機関、 電気モーター	大量生産	重工業
第三次産業革命	20世紀後半～ 21世紀初頭	コンピューター、 インターネット、 産業用ロボット	さまざまな社会 活動の自動化	エレクトロニクス 産業、情報通信業 ほか

資料：総務省『平成29年版情報通信白書』(2017年)、シュワブ（2016）に基づき筆者作成

されていなかった産業でも自動化が始まった。20世紀後半に始まる第三次産業革命は、コンピューター革命、デジタル革命、ＩＴ革命などとも呼ばれている。米国で生まれたコンピューターは、初めは計算機として科学技術の研究や大きな企業の事務処理に用いられた。トランジスタや集積回路といった半導体素子の開発によってコンピューターの小型化、軽量化が進むと、産業用ロボットや生産ラインにコンピューターを搭載し、それらをプログラムで制御することも可能になり、製造業の生産効率は著しく高まった。

さらに、コンピューターによる制御は工場のなかだけの話ではなくなった。多くの消費財にもコンピューターが組み込まれた。例えば洗濯機は、ボタンを押せば注水が始まり、洗い、すすぎ、脱水まで自動的に行い、音で洗濯が終わったことを知らせてくれる。１９９０年代以降はインターネットが発展し、情報通信業が飛躍的に成長した。技

術者やマニア層以外の人でも操作しやすいOS（オペレーションシステム）が開発されたこともあり、多くの企業や家庭でコンピューターが利用されるようになった。21世紀を迎えるとスマートフォンが本格的に普及し、わたしたち個人のライフスタイルを劇的に変化させた。

第四次産業革命は今まさに進行中で、まだ全貌がみえない。ただ、これまでの産業革命と比較すると、いくつか特徴を挙げることができる。

第1は、技術革新のスピードが速い点である。半導体技術や情報通信技術の処理速度や容量、製品の小型化と低価格化は、時代とともに等比級数的に拡大していく。これはインテルの創業者の一人、ゴードン・ムーアが発表した経験則で、ムーアの法則という。これを裏付けるような事実として2012年にあったAIによる画像認識コンペが挙げられる。松尾（2015）によれば、当時、AIによる画像認識の精度は75%程度で、1年かけて1%改善するのがやっとであった。しかし、コンペに初出場したトロント大学チームが、いきなり84%台の精度をたたき出したという。岩本（2018）は、1995年のインターネット元年から今日までの四半世紀に起きた変化がムーアの法則に基づいているとしたうえで、20年後はスーパーコンピューター「京」が手のひらサイズになり、今は大きなコンピューターでしか動かせないようなAIも、日本に住むほとんどの人がアプリとして使えるようになるのではないかと指摘している。正直想像すらできないが、われわれがすでに目の当たりにした第三次産業革命にしても、誰が想像できただろうか。パソコン、スマートフォン、タブレットなどが現れ、さまざまなアプリケーション、ネット金融、SNS、動画や音楽の配信など新しいビジネスとそれらを提供するおびただしい数の企業が生まれた。

産業革命は回を重ねるごとに、技術の普及スピードも速まっている。富岡製糸場が操業したのは1872年。紡績機が英国でハーグリーブスにより開発されたのが1764年ごろであるから、欧州外に普及するまでに100年以上かかったことになる（シュワブ、2016）。ガソリン自動車の場合どうだろう。ドイツでダイムラーとマイバッハが実用化したのが1886年、日本で実用化されたのが1907年といわれているから、少なくとも20年以上の時間がかかった。スマートフォンは2007年にアップル社からリリースされ、10年もしないうちに世界の人口の過半に普及した。第四次産業革命では、AI等の技術の水準が上がるのも速ければ、技術の実用化により生まれる自動運転車、自動翻訳といった製品・サービスが当たり前になるのも速いと考えられる。

第2は、自動化の内容が高度な点である。第四次産業革命という言葉とセットで語られることの多い自動運転は、「移動」に必要な作業のうち知的な作業が自動化するものだ。産業革命以前は、人やモノを移動させる手段は徒歩や牛馬であった。第一次産業革命による鉄道、第二次産業革命による自動車の発明により、移動手段は別次元への広がりをみせた。時速100㎞にも達する未知の移動能力も獲得したのである。第三次産業革命後はカーナビゲーションの登場で、最適ルートを事前に地図で調べておいたり道路案内標識を注意深く見たりする必要も減った。さらには、アクセルを踏む、ハンドルを切るといった人間による機械操作や、そもそも車間や速度を考えることすら不要になるのが自動運転である。自動運転はまだ実用化されていないが、囲碁や将棋のプロがコンピューターに負けるようになり、知的作業で機械が人をしのぐ分野も出てきている。

第3は、経済的な価値をもつ情報が増える点である。小売店にある防犯カメラの映像が実例として挙げられる。初めは盗難事件の犯人を捕まえるためのものだったが、最近では来店客の購買行動の解析に使われるケースが出てきている（城田、2012）。城田（2012）によれば、米国企業を中心に、販売データや在庫データなどもともと企業活動への利用を前提に整理してきたデータに加え、SNSでのつぶやきといったインターネット上のテキストや、通販サイトのクリック数、スマートフォンの位置情報など、以前から存在していたものの、たんに蓄積していただけのデータにも経済的な価値を見出す動きが強まったという。

矢野（2020）は、過去の産業革命でも石炭や石油のように突然に経済的価値をもつようになったものはあるが、それらは石炭が薪を、石油が石炭を代替したように、既存の資源に取って代わったにすぎないと指摘し、何かを代替するわけではない新たな経営資源の登場が第四次産業革命の特徴であると述べている。

(2) 最先端技術―IoT、ロボット、AI、ビッグデータ―

こうした特徴のある第四次産業革命を、政府は「日本再興戦略2016」のなかで「生産性革命」における成長戦略の最大の柱とした（内閣府、2016）。自動化の恩恵をあらゆる産業や社会生活に取り込むことで、高齢化や人手不足をはじめとする経済社会の問題を解決するという指針を掲げている（内閣府、2018）。「新産業構造ビジョン」において政府はIoT、ロボット、AI、ビッグデータの四つを第四次産業革命技術と呼び、わが国が経済的な停滞から抜け出し、国際的な競争を勝ち抜くための鍵を握るものとして、開発と活用を促進することとしている（経済産業省、2017）。本書はこの四つの技術を「最先端技術」と呼び、小さな企業と第四次産業革命の関係を分析していく。ただし、4技術のすべてについて国が統一的な定義を置いているわけではない。そこで以下では、一般的によく議論される内容を踏まえ、それぞれ次のようなとらえ方をすることとした。

ＩｏＴは、Internet of Things（モノのインターネット）の略で、ヒトやサービスのほか、あらゆるモノがインターネットやＬＡＮでつながることを指す。天気予報を例にすると、雲の様子を撮影する人工衛星のカメラ、地上にある気温計、気象データを処理するコンピューターなどをネットワーク化する技術である。センサーとして情報をデジタル化できる端末はＩｏＴ機器と呼ばれている。スマートフォンやタブレットなどの通信機器のほか、腕時計型のウェアラブル機器、家電、自動車など、さまざまなモノがＩｏＴ機器になりうる。

ロボットは、人間にとって有益な作業を自律的に行う機械である。日本工業規格の定義は「二つ以上の軸についてプログラムによって動作し、ある程度の自律性をもち、環境内で動作して所期の作業を実行する運動機構」、経済産業省（２００６）の定義は「センサー、知能・制御系、駆動系の３つの要素技術を有する、知能化した機械システム」と、いずれも物理的な機構や備わっているシステムに注目している。一方、『ＮＥＤＯロボット白書２０１４』は、ロボットの定義に統一された見解はなく、産業や社会の発展に資する何かだと柔軟にとらえるべきであると指摘している（新エネルギー・産業技術総合開発機構、

２０１４）。自動化は機械による人の代替と言い換えられることから、その性格を考慮し、本書では人の手助けを自律的に行う機能を重視した。

ＡＩは、Artificial Intelligence（人工知能）の略称で、人間による認識や判断をコンピューターによって再現する技術である。松尾（２０１５）が指摘するように、本来は「人間のように考えるコンピューター」という意味で誕生した言葉だが、この条件を満たすＡＩはまだ存在していない。一方、「ＡＩ搭載」をうたう製品はすでに多く世に出回っており、現実としてＡＩは「人間に近い知能をもたせる仕組み」と理解されることが多い。本書ではこうした実態に即してＡＩをとらえている。ＡＩの働きを天気予報で例えてみよう。まず、特定の場所の衛星画像と降水記録を何年ぶんもＡＩに取り込み、雲の動きと雨の関係を学習させる。次に、同じ場所の最新の衛星画像をＡＩに入力し、明日の天気を予測させる。するとＡＩは学習の結果に基づき、初めて認識する画像からでも明日の降水確率をはじき出してくれる。

ビッグデータは、量（Volume）、速度（Velocity）、多様性（Variety）に富んだデータのことである（城田、２０１２）。ＩｏＴによってさまざまなモノからデジタル化したデータが集められるようになり、かつコンピューターの計算能力が上がり複雑なデータの処理も可能になったため注目されている。天気予報の例でいえば、衛星画像、降水量、気温、湿度などのデジタル化された気象情報の集積がビッグデータである。ＡＩとの相性は抜群で、気象データの蓄積量が増えれば増えるほどＡＩの学習が進み、推論の精度、すなわち天気予報が当たる確率は高くなる。ただし、岩本（２０１８）が指摘するように、データの量がどの程度ならビッグといえるのかといった明確な定義はない。企業が利用する場合に重要なのは、経営資源として活用できているかどうかだ。今回取材を行った事例企業を含め、気象データやスマートフォンの位置情報など高性能コンピューターでないと処理できないような巨大なデータを活用している例は小企業では少ない。本書では、同業種の同程度の規模の企業がまったくあるいはほとんど活用していないデータを、独自の工夫によって統計的に利用できる規模で収集し、ビジネスモデルのなかに取り入れている企業を分析対象としていくこととしたい。

（3） 小企業と最先端技術を巡る問題意識

これまで、第四次産業革命を代表する最先端技術についてみてきたが、ここで断っておきたいのは、本書が描く対象は、これらの技術の開発自体に携わる技術系ベンチャー企業ではない。小売り、サービス、飲食といった小企業のプレゼンスが大きい従来型の産業分野で最先端技術を「巧みに」利用している企業の姿である。わかりやすい例を仮想しよう。店主が一人で切り盛りしているＡとＢの二つのてんぷら料理店があるとする。どちらも同じようにてんぷらを揚げており、味と価格には定評がある。Ａは、気さくな店主との会話を楽しみに来店する客が多い店である。もう一方のＢは、てんぷらが揚がる頃合いを音で聞き分けようとする店主の、じっと目をつむって待つ姿が格好良いと評判な店だ。

接客をロボットに任せることは可能である。ロボットが接客を行う飲食店やホテル、モニターに映るキャラクターが店内の案内や商品の説明を行う小売店はすでにある。てんぷらの調理にしても、人がてんぷらを揚げるときの音をＡＩで解析し、感音センサーと鍋にてんぷらを入れたり出したりするロボットを連携すれば、自動化が可能だろう。現時点で存在する最先端技術を使えば、ＡとＢの店主は接客と調理から解放される。しかし、そんなことをしても意味がないどころかマイナスの影響しかない。Ａは人による接客、Ｂは人による調理のライブ感を売りにしているからだ。では、Ａが調理を、Ｂが接客を機械に任せた場合はどうだろうか。Ａの店主は接客に、Ｂの店主は調理に集中できるようになって、生産性を高める

図－1 IoT、AI、ビッグデータ、RPAの活用率（従業員規模別）

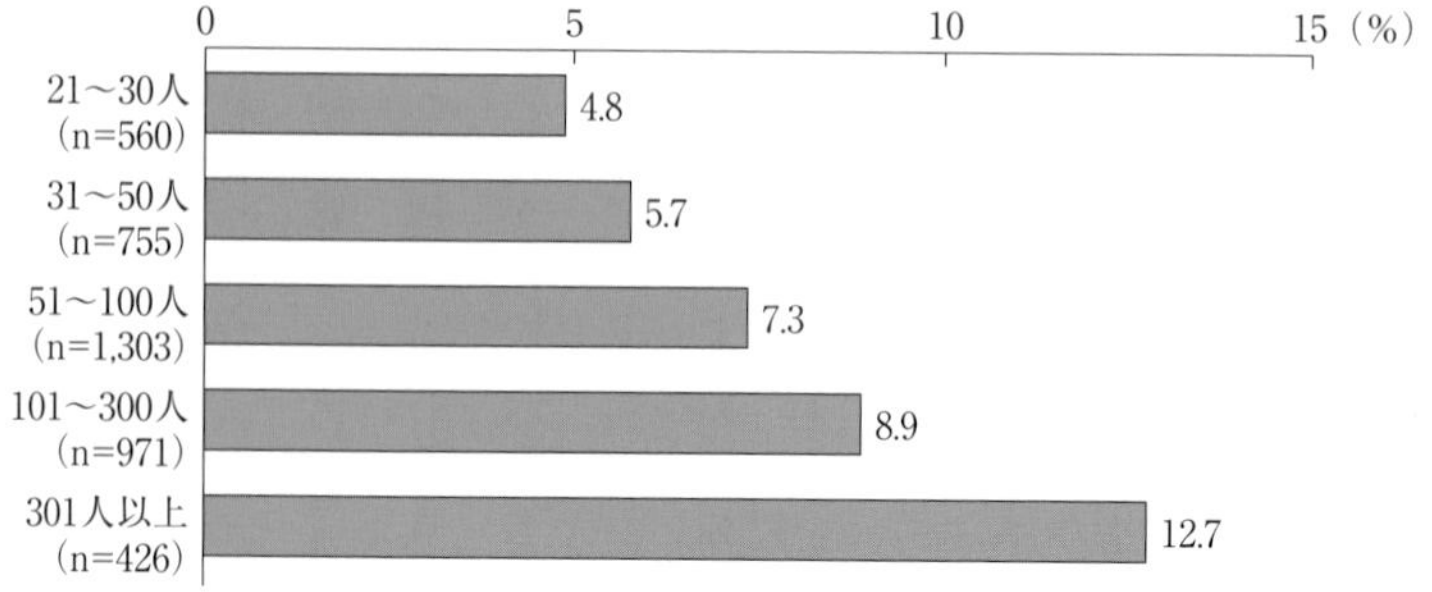

資料：中小企業庁編（2018b）
（注）1 「IoT、AI、ビッグデータ、RPAの活用率」は、IoT、AI、ビッグデータ、RPAのうち少なくとも一つ以上を活用していると回答した企業の割合である。
2 RPA（Robotic Process Automation）は、ソフトウエアによる業務の自動化のことである。

効果が期待できそうである。最先端技術を「巧みに」利用するとは、小さな企業の個性的なビジネスの魅力を伸ばすツールとして、ＩｏＴやロボット、ＡＩやビッグデータを使いこなすことなのである。

では、わが国の企業における最先端技術の利用状況はどうなっているのだろうか。図－1は、ロボットを除くＩｏＴ、ＡＩ、ビッグデータの3技術と、ソフトウエアによって業務を自動化する取り組みのことであるＲＰＡ（Robotic Process Automation）の活用率を示したものだ。従業者規模が小さくなるほどこうした先進的な技術の活用が進んでいないことがわかる。想像に難くない結果であり、やはり最先端技術と小さな企業のビジネスは相いれないものと感じられるかもしれない。日本政策金融公庫総合研究所（以下、当研究所という）は、経営者や従業員の個性を経営に投影することで競争優位を実現したり（日本政策金融公庫総合研究所編、2011）、規模の小さな市場をすすんで選び存在感を発揮したり（日本政策金融公庫総合研究所編、2020）することで、生産性を高めている小企業の姿を明らかにしてきた。こうした属人的ともニッチともいえる小さな企業ならではのビジネスモデルと、最先端技術による自動化というキーワードは確かにつながりにくい。第2章で詳しく述べるが、ヒト、モノ、カネ、情報などの経営資源に乏しく、新技術の導入を躊躇《ちゅうちょ》する経営者もいるだろう。しかし、第一印象だけで最先端技術の利用をあきらめてしまうのは早計である。本書が取り上げる事例が示すとおり、小企業らしい強みを生かしつつ、コストを抑えて上手に最先端技術を活用し、経営を進化させた企業も実際にある。

すでに第四次産業革命は始まっていて最先端技術はさらに進歩していくとみられる。人が行っている作業のうち機械が代替できるものはどんどん増えていくことになる。現時点で実用化されていてビジネスに利用できる技術もかなり多い。ただし、最先端技術の利用が小企業で少ないことを図示したのは、どんな小企業もすべからく最先端技術を使っていくべきだと主張したいからではない。最先端技術はあくまで手段である。最先端技術がまずあって、さてこれをビジネスのどこにどう使うかを考えるのではなく、こんなビジネスをしたいと考えるときに、最先端技術を生かせる部分はないか考えるのが正しい順番ではないだろうか。経営者の個性を生かす属人的な事業スタイルが小企業の強みとするなら、本書を通じて見つけてほしいのは、人が本当にやるべきことは何かということである。シュワブ（２０１６）が指摘するように、テクノロジーとは、受け入れるか拒否するかの二者択一を迫られる性質のものではない。オールオアナッシングで考えるのではなく、人の魅力を倍加させるために最先端技術が役立つところがあれば、すすんで利用していく合理的発想も必要ということである。

第２章　小企業で最先端技術の活用が進まない背景

近年は、ＩｏＴやロボットを駆使したファクトリーオートメーション、ＡＩによる自動運転や医療診断の実証実験、ビッグデータを活用したマーケティングなどについての報道を多く目にするようになった。最先端技術がビジネスに活用され始めていることを示しているが、これまでのところ主に大企業や技術系ベンチャー企業による例が多く、一般的な小企業の事例はまだ少ない。

第1章で示したとおり、本書は、最先端技術を導入して経営を進化させ、従来型の産業分野で活躍する小企業を取り上げる。一方、前掲図ｰ1でみたようにほとんどの小企業は最先端技術を利用していないため、規模の小さな企業が一般的に抱える経営問題や、最先端技術を導入していない小企業あるいは導入したもののうまく活用できていない小企業の実態を把握せずに、たんに成功事例を紹介するだけでは、最先端技術の活用の今後について広く示唆を与えることはできないだろう。そこで第2章では、先行研究や当研究所が独自に行ったアンケート調査の結果に基づき、最先端技術を導入するに当たっての阻害要因は何かを検証し、第3章以降で事例企業の成功要因を分析する際のヒントにしたい。

（1）先行研究にみる導入の阻害要因

①デジタル化の遅れ

ＩｏＴ、ロボット、ＡＩ、ビッグデータの四つの最先端技術を使うには、その前提として業務がデジタル化されている必要がある。

具体的に事例で説明してみよう。喫茶店を運営する㈱ジゴワッツ（柴田知輝社長、東京都中央区、事例1）は、常に同じ品質のコーヒーを提供できるよう、豆を挽く、湯を沸かしてドリッパーに注ぐという工程をロボットに任せることにした。通常は手作業で行われ、仕事の質にぶれが生じやすい部分だ。ロボットを導入する準備として、まずは豆の挽き具合やドリッパーの種類、湯温などの味を決める要素を段階的に変えながらコーヒーを淹れ、酸味や苦みがどの程度変化するかを記録した。そのうえで、各要素をどの段階にすれば理想の味わいになるかを統計的に算出し、ロボットを動かすプログラムを作成した。詳細なデジタルデータがあってこそ、ロボット化が可能になっているわけだが、そうしたデータを収集、管理している喫茶店はなかなかないだろう。

こうした先進的な企業は今のところ一握りにすぎない。一般的にいえば、小さな企業ほど業務のデジタル化は進んでいない。このことは、ＩＴ化が進んでいないという文脈で以前から指摘されてきた。中小企業庁編（２０１８ｂ）は、中小企業の売上高規模別に各ＩＴツールの利活用状況を調査している。これによると、「一般オフィスシステム」や「電子メール」が「十分利活用されている」企業は、売上高が第３四分位数以上の最大規模グループで７割以上あるものの、売上高が第１四分位数未満の最小規模グループでは４割に満たない。そもそも「一般オフィスシステム」や「電子メール」が「未導入・非該当」である企業が、調査した中小企業全体の１割以上を占めることも指摘している。また、小規模事業者を調査した中小企業庁編（２０１８ａ）によれば、「パソコン等でほぼ電子化」している企業の割合は、業務の種類ごとに「財務・会計」で43・８％、「顧客管理」で34・３％、「給与管理・勤怠管理」で29・７％、「受発注」で21・７％、「在庫管理」で19・１％にとどまった。市販のソフトウエアが多く比較的簡単にデジタル化できる間接業務であっても、多くの小企業が手書きや手計算といったアナログな方法に頼っているということである。製造技術やマーケティングに関する仕事となればなおさらだろう。こうした実態は、規模の小さな企業において、事業に必要な情報の多くがデジタル化されることなく、紙で管理されるか、従業員固有の知識や技能として蓄積されるかにとどまっていることを示している。

②高い労働集約度

企業規模が小さくなるほど、経営が労働集約的になる。つまり、生産活動を人間の労働に頼る面が大きいということである。この点が第２の阻害要因だ。有形固定資産の額を従業者数で除した資本装備率は、機械化の程度を表す指標で、値が低いほど労働集約度が高いといえる。企業規模別に資本装備率の中央値を比較した中小企業庁編（２０１８ａ）によれば、製造業では、大企業が１０８９万円／人、小規模事業者が２３８万円／人、不動産業を除く非製造業では、大企業が４７６万円／人、小規模事業者が１６１万円／人となっている。これらの数値の違いからは、企業規模が小さいほうが、また、製造業より非製造業のほうが、労働集約的であることがわかる。

企業活動においては、生産量が増えると単位当たりの生産コストが下がるという「規模の経済性」が働くため、売上高規模の大きな企業のほうが設備投資に積極的である。また、製造業はそもそも生産工程を機械化しやすい面がある。対して小企業、特に小売業、飲食サービス業などを多く含む非製造業では、生産・販売のプロセスを人手に頼らざるをえない面が強い。結果として、規模の小さな企業、なかでも非製造業において労働集約度が高くなっているのである。

人間の労働への依存度が高いということは、これまで機械を使うことをあまりしてこなかったということである。使いたいという発想自体が生まれにくいし、使いこなすノウハウも蓄積されていないということだと思われる。まして、ロボットやＡＩなどの最先端技術となればなおさらだろう。技術の導入に慣れていないことが、小企業にとって心理的なハードルになっていることも考えられる。

③経営資源の不足

第3に、物理的なハードルもある。小さな企業は総じてヒト、モノ、カネ、情報といった経営資源に乏しく、新たに何かにチャレンジするときのブレーキになりやすい。

木本ほか（2018）は、ＩｏＴ、ＩｏＴの入り口となる業務のＩＴ化、ビッグデータの利用、ＡＩの活用といった取り組みを広く「ＩｏＴ」と定義し、その導入・活用上の課題についてアンケート調査を行い、従業員規模別に分析している。これによると、従業員20人以下の企業が最も多く挙げたのは、複数回答で「人材の確保」（38・9％）、次いで「設備投資・資金」（33・6％）である。最先端技術の利用に当たっては、経営資源のなかでも、ヒトとカネの問題が大きいことがわかる。野村総合研究所（2017）は、大企業が対象に含まれるアンケート調査のなかで、「ＩｏＴ、ビッグデータ、ＡＩ、ロボット等」を「新技術」とし、その活用に当たっての課題を複数回答で尋ねている。結果は「技術・ノウハウを持った人材が不足している」が46・5％と最も多く、やはりヒトの問題がクローズアップされている。次いで多かったのが「自社の事業への活用イメージがわかない」（35・7％）、「新技術について理解していない」（27・9％）であった。これらの回答も、技術に見識のある人材がいないことに起因しているといえよう。「必要なコストの負担が大きい」というカネの問題も27・9％と上位を占めている。

モノや情報に乏しいという問題も無視できない。モノの面でいえば、大企業でパソコンを使用しないことはほぼありえないだろうが、小企業では一般のオフィスシステムや市販の業務ソフトウエアを導入していないケースが少なからずあることはすでに述べたとおりで、最先端技術を使う環境が十分に整っているとはいえない。企業規模が小さいほど情報も収集しにくい。例えば小売店において、顧客の購買履歴といった経営戦略的に利用価値のあるデータは、顧客数や商圏が大きいほど豊富に集まる。知名度の高いネット通販サイトを運営するようなデジタルプラットフォーマーであれば特に有利だ。また、大企業であれば、業務提携といった方法で他社と情報交換を行うこともあるだろうが、小企業でそうした話はほとんど耳にしない。かといって無料だったり安価だったりする情報は、製品開発やマーケティングに具体的に生かせるようなものではないだろう。結局、自社の限られたオリジナルデータに頼るしかない小企業は、情報面でも相対的に不利である。

④負のスパイラル

これまでに指摘した①デジタル化の遅れ、②高い労働集約度、③経営資源の不足は、負のスパイラルを生む可能性もある。最先端技術を導入したいと思っても、カネがなければ投資を控えてしまう。さらに、技術を理解した人材がいなければ使いこなせない。大企業であれば自社にＩＴ部門なりをもっていて専門的な知識のある人材がいるかもしれないが、小企業の場合、そうはいかないだろう。新たに人材を採用しようと思っても、資金力に乏しく賃金や福利厚生などの労働条件で相対的に劣る小企業にとって、容易なことではない。デジタル化の遅れを補おうにも人材や資金などの経営資源に制約があると進まない。最先端技術を導入するよりも、賃金が比較的安いパートやアルバイトを雇うほうが差し当たり簡単でコストも抑えられるなら、そちらを選ぶだろう。そうなれば、より労働集約的になり、デジタル化もますます進まなくなる。最先端技術を生かしてビジネスを成長させるチャンスを逃せば、経営資源の獲得も進まない。こうした負のスパイラルをどこかで断ち切ることが必要なのである。

しかし、そもそも最先端技術を導入したいと考えている小企業はどれほどあるのだろうか。先ほど規模の経済性について触れたが、規模の経済性が働きにくい小企業は、最先端技術により業務を自動化しよう、またその前提となるデジタル化を進めようというインセンティブがそもそも乏しく、最先端技術の導入意欲自体がない企業も多いのではないだろうか。公的統計のうち総務省「通信利用動向調査」では、ＩｏＴやＡＩの導入状況と併せて、導入していない企業の今後の導入予定や導入しない理由を調査している。また、経済産業省「情報処理実態調査」（２０１７年度調査をもって廃止）では、そもそもデジタル化がどのくらい進展しているのかや、「ＩｏＴ、ビッグデータ、ＡＩ等」の「先端技術」の活用を企画・検討する体制の整備状況について調べているものの、調査対象となる企業の従業員規模が前者は１００人以上、後者は50人以上に限られている。一方、先出の木本ほか（２０１８）や野村総合研究所（２０１７）は、従業員数20人以下の企業も調査対象に含んでいるものの、こうした小さな企業のサンプルは、前者が１４０件弱で回答全体の約12％、後者が１１００件弱で同じく約30％と、けっして多くない。また、最先端技術の導入・活用上の課題について調査しているが、導入済みの企業とまだ導入していない企業に分けて分析しているわけではない。導入に当たっての課題と導入後の課題とに分けて調べれば、結果に違いがみられるかもしれない。

小企業にターゲットを絞って、最先端技術の利用実態を詳細に調査した例はまだない。すでに述べたとおり、本書の目的はすべての小企業に最先端技術の利用をやみくもに促すことではない。最先端技術をビジネスに取り入れる目線をもちながら、導入したがうまくいっていない、あるいは導入意欲はあるのに導入できていない小企業が、成功の秘訣を学ぶ材料となることを重視している。さらに、導入の必要性を感じていなかった企業に対しても、自らのビジネスの魅力を高める手段として最先端技術を活用する可能性を検討してもらう材料となることを期待している。そのためには、最先端技術をすでに導入している企業、導入する意思のある企業、導入は考えていない企業がそれぞれどのくらいのボリューム感で存在し、それぞれどういった問題を抱えているのか、よく理解する必要がある。

そこで当研究所は、日本政策金融公庫国民生活事業の取引先のうち、従業者数が原則20人未満の企業1万社を対象に四半期ごとに実施している「全国中小企業動向調査・小企業編」の2020年7－9月期調査において、最先端技術の利用状況を質問した。アンケートはすべて郵送によるもので、回答数は6037件であった。次節ではこの調査結果に基づき、小企業におけるIoT、ロボット、AI、ビッグデータそれぞれの利用状況を俯瞰し、現に最先端技術を利用している企業の導入効果や今後の課題、導入していない企業の今後の利用意思、利用したいのにできない理由や利用したいと思わない理由などを明らかにしていく。

(2) 最先端技術に対する小企業の意識 ―アンケート調査の結果から―

まず、四つの技術それぞれを自社のビジネスに利用しているか尋ねた結果をみると、「利用している」と答えた企業の割合は、ＩｏＴが４・４％、ロボットが１・１％、ＡＩが２・５％、ビッグデータが１・１％であった（図－２）。四つの技術のなかではＩｏＴを「利用している」企業が多いようだが、最先端技術を一つ以上「利用している」企業の割合をみても６・７％にとどまる。ほとんどの企業はどの最先端技術も利用していないということがわかる。また、「利用している」と一つ以上回答した企業の内訳をみると、「利用している」技術が一つだけという企業が78・８％と大半を占め、二つの企業が13・８％、三つの企業が３・４％、四つすべてという企業が３・９％と、複数の最先端技術を利用している企業は少ない。

最先端技術を利用していない企業の多くは、今後利用する意向もないようである。「利用していないし利用したいとも思わない」企業はＩｏＴで72・６％、ロボットで82・５％、ＡＩで75・４％、ビッグデータで77・９％を占め、どの最先端技術についても最も多い回答となっている。そのうち、いずれの最先端技術も「利用していないし利用したいとも思わな

図-2　最先端技術ごとの利用状況

（単位：％）

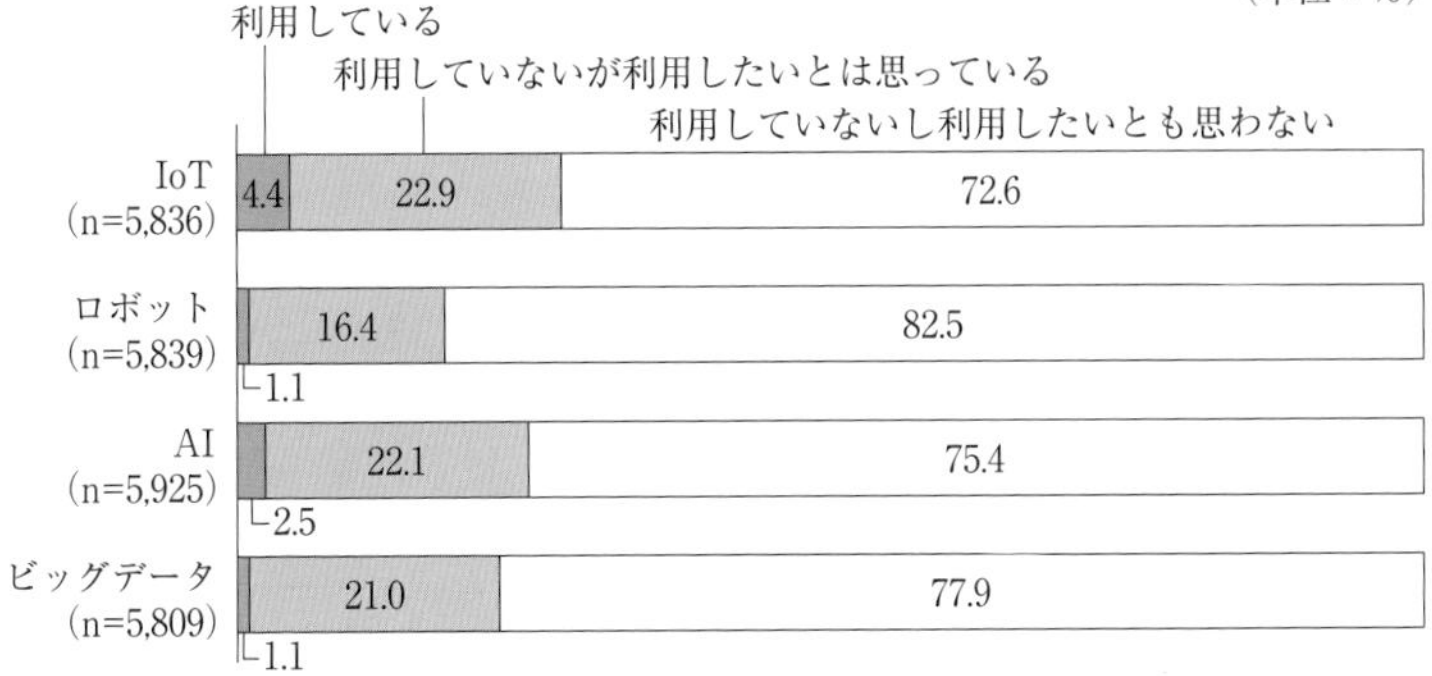

資料：日本政策金融公庫総合研究所「全国中小企業動向調査・小企業編（2020年７－９月期調査）」（以下同じ）
（注）小数第２位を四捨五入しているため、合計が100%にならない場合がある（以下同じ）。

い」と回答した企業は62・9％に上った。一方で、「利用していないが利用したいとは思っている」と答えた企業がＩｏＴで22・9％、ロボットで16・4％、ＡＩで22・1％、ビッグデータで21・0％と、一定割合存在することにも注目したい。最先端技術の導入が広がる余地はあるということだろう。

　最先端技術の利用状況には、業種や従業者規模、経営者の年齢など企業の属性が影響すると考えられる。表-2は、四つの技術それぞれの「利用している」企業の割合を業種別に示したものである。いずれの技術においても、「情報通信業」の利用割合が高い。デジタル化の進んだ業種であり、最先端技術との接点が他の業種に比べて多いのだろう。ＩｏＴやＡＩを「利用

表-2 利用している企業の割合（業種別）

（単位：％）

	IoT	ロボット	AI	ビッグデータ
製造業	3.9	① 3.1	2.0	0.8
卸売業	3.5	③ 1.2	③ 3.0	③ 1.1
小売業	② 5.8	0.5	2.6	② 1.8
飲食店・宿泊業	2.6	0.6	1.5	1.0
サービス業	③ 5.2	1.1	② 3.1	1.0
情報通信業	① 14.6	② 2.1	① 12.5	① 3.2
建設業	3.4	0.7	2.0	0.4
運輸業	1.6	0.0	0.0	0.0

（注）1　最先端技術別に割合が大きいものから①、②、③の順位を記載した。
　　2　最先端技術別のnは図-2に同じ。業種別のnは省略した。

している」企業の割合がとりわけ高いのは、それらのシステム自体を自社開発できるからだとも思われる。機械の導入に慣れた「製造業」において、ロボットを「利用している」企業の割合が最も高いこともうなずける。「卸売業」「小売業」など流通に関連する産業でも、最先端技術の導入が比較的進んでいるようにみえる。これらの業種では、受発注や在庫管理、顧客管理におけるＩＴ導入比率が高い（中小企業庁編、２０１８ｂ）。ＩＴツールを使って収集した購買データを分析し、マーケティングに活用する企業や、受注データに基づき商品をピッキングするロボットを導入して、バックヤードの業務を効率化する企業があるのだと思われる。「サービス業」では、ＩｏＴやＡＩを「利用している」企業の割合が高い。「サービス業」でＩｏＴやＡＩを「利用している」と回答した企業の約半数は、学習塾をはじめとする

表－3　利用していないが利用したいとは思っている企業の割合（業種別）

（単位：％）

	IoT	ロボット	AI	ビッグデータ
製造業	②　25.5	②　23.5	③　24.2	21.8
卸売業	24.9	14.5	22.6	20.4
小売業	22.1	14.5	21.6	③　21.8
飲食店・宿泊業	17.4	12.4	16.1	15.4
サービス業	③　25.1	③　16.7	②　26.0	②　24.3
情報通信業	①　47.9	①　33.7	①　53.1	①　56.8
建設業	20.0	14.3	18.2	16.5
運輸業	18.0	13.9	13.5	14.6

（注）1　最先端技術別に全業種計よりも回答割合が5ポイント以上高い業種に濃い網掛け、5ポイント以上低い業種に薄い網掛けを施した。
　　　2　表－2に同じ。

個人教授業であった。スマートフォンやタブレットを使ったオンライン授業や、生徒の理解度を判断し自動で問題を提示するＡＩ教材の導入を進める学習塾は増えているという。そうしたことが、「サービス業」のＩｏＴ、ＡＩを「利用している」企業割合を押し上げる要因になっているものと思われる。

「利用していないが利用したいとは思っている」と答えた企業の割合も、業種別にみていこう。四つの技術すべてにおいて「情報通信業」の割合が高いことや、ロボットを利用したいと考えている企業が「製造業」に多いことは、表－2でみた「利用している」企業の場合と同じであった（表－3）。一方、「飲食店・宿泊業」「運輸業」では、どの技術に対しても利用したいと考えている企業が少ないことがみてとれる。料理をつくる、接客をするといったことや車の運転などは自動化しにくく、人手に頼らざるをえない。労働集約度の高さが、利用意思の低さに表れているのではないだろうか。

次に、従業者規模別の利用状況を確認したい。「利用している」の回答割合は、IoTでは、従業者数が「1人」の企業で4・3%、「2~4人」で3・9%、「5~9人」で4・7%、「10~19人」で4・2%であった（図-3）。調査対象のなかに若干含まれている「20人以上」の企業で7・5%と少し高くなっていることを除けば、従業者規模による回答割合の差はみられない。

対照的に、「利用していないが利用したいとは思っている」企業の割合は、従業者規模が大きくなるにつれて明らかに増加している。IoTでは、「1人」の企業で14・8%、「2~4人」で19・6%、「5~9人」で26・8%、「10~19人」で37・2%、「20人以上」で39・0%となった。同じく規模層の小さい順に、ロボットでは、「1人」が8・0%、「2~4人」が12・5%、「5~9人」が20・3%、「10~19人」が29・5%、「20人以上」が40・7%となり、AIでは、「1人」が14・1%、「2~4人」が18・8%、「5~9人」が26・1%、「10~19人」が35・8%、「20人以上」が40・2%であった。ビッグデータでは、「1人」の企業の13・8%、同じく「2~4人」の18・1%、「5~9人」の24・2%、「10~19人」の

図－3　IoTの利用状況（従業者規模別）

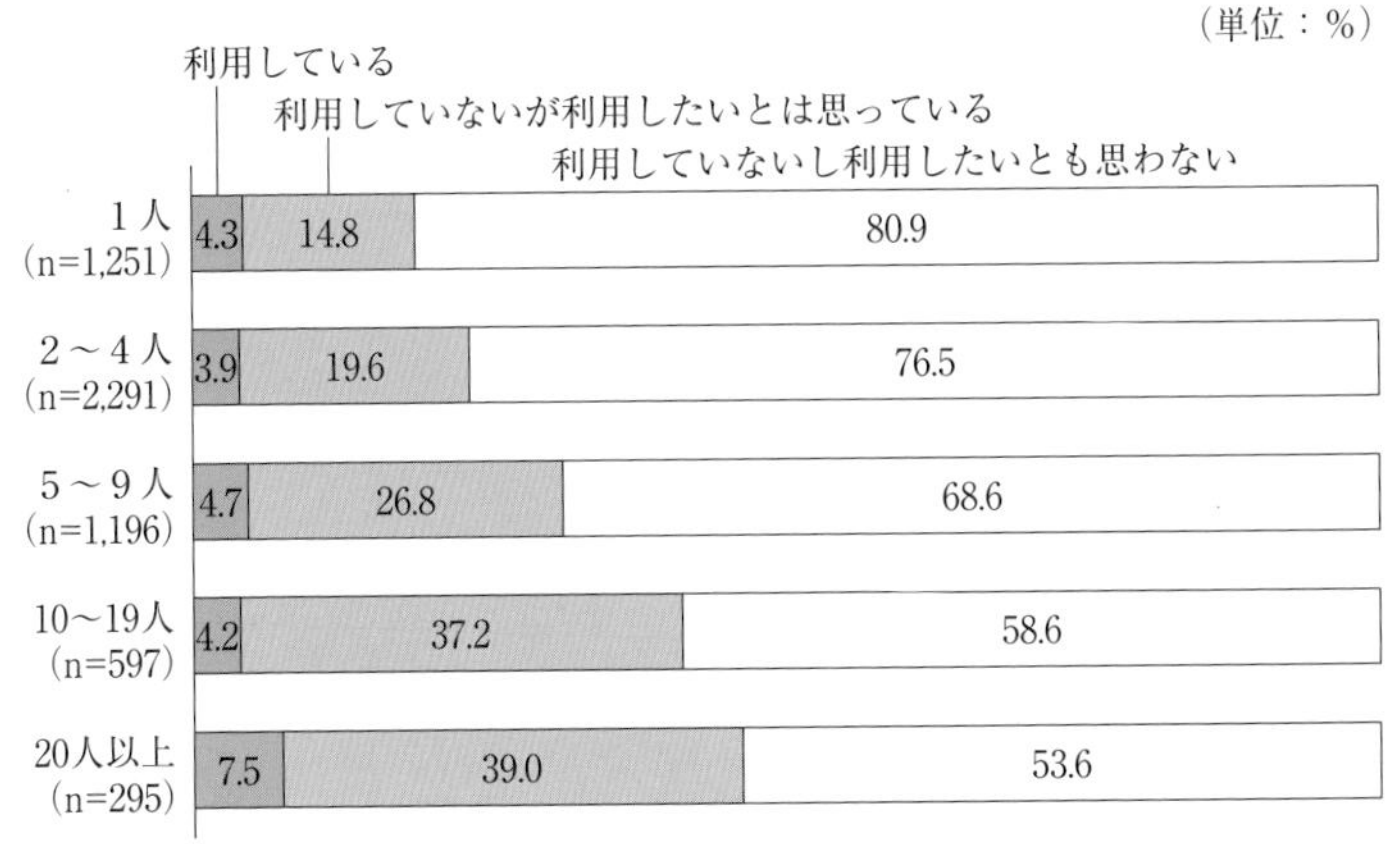

（注）日本政策金融公庫総合研究所「全国中小企業動向調査・小企業編」は原則として従業者数が20人未満の企業を調査対象としているが、対象選定の後に従業者が増加した企業など調査時点で20人以上となっている企業が一部含まれている。

32・8％、「20人以上」の39・2％が「利用していないが利用したいとは思っている」と回答した。

「利用していないし利用したいとも思わない」と回答した企業が最も多い点は、従業者規模別にみても変わらない。ただ、図－3のとおり、ＩｏＴでは「１人」の企業で80・9％、「2～4人」で76・5％、「5～9人」で68・6％、「10～19人」で58・6％、「20人以上」で53・6％と、規模が大きくなるほど割合は低下する。この傾向は、ほかの三つの技術にも同様にみられる。

「利用していないが利用したいとは思っている」と「利用していないし利用したいとも思わない」の回答分布をみると、最先端技術に対する需要は同じ小企業のなかでも従業者規模による差がみられ、小さな企業ほど利用の意向が弱いことがわかる。規模が小さい企業ほど、前節で指摘した労働集約度が高いためだろう。なかでも、従業者規模が「1人」「2〜4人」の規模層では生業的に事業を営む企業が多く、最先端技術という新しいツールを使ってまで、事業の高度化や拡大を図ろうとは考えにくいのかもしれない。

続いて、経営者の年齢階層別に各技術の利用状況をみていこう。すべての技術および年齢階層で、「利用していないし利用したいとも思わない」が最も多くを占める点は、これまでの分析結果と変わらない（図ｰ4）。

「利用していないが利用したいとは思っている」企業の割合は、IoTでは「39歳以下」で33・8％と最も高く、「40歳代」で30・5％、「50歳代」で25・9％、「60歳代」で21・4％、「70歳以上」で16・5％と、年齢階層が上がるほど低下している。その他の技術でも同様の結果となった。ロボットでは、「39歳以下」が29・2％、「40歳代」が24・6％、「50歳代」が18・1％、「60歳代」が14・5％、「70歳以上」が11・1％、AIでは、「39歳以下」が38・7％、「40歳代」が28・2％、「50歳代」が25・1％、「60歳代」が20・8％、「70歳以上」が15・1％、ビッグデータでは、「39歳以下」が39・5％、「40歳代」が27・3％、「50歳

図－４　IoTの利用状況（経営者の年齢階層別）

（単位：%）

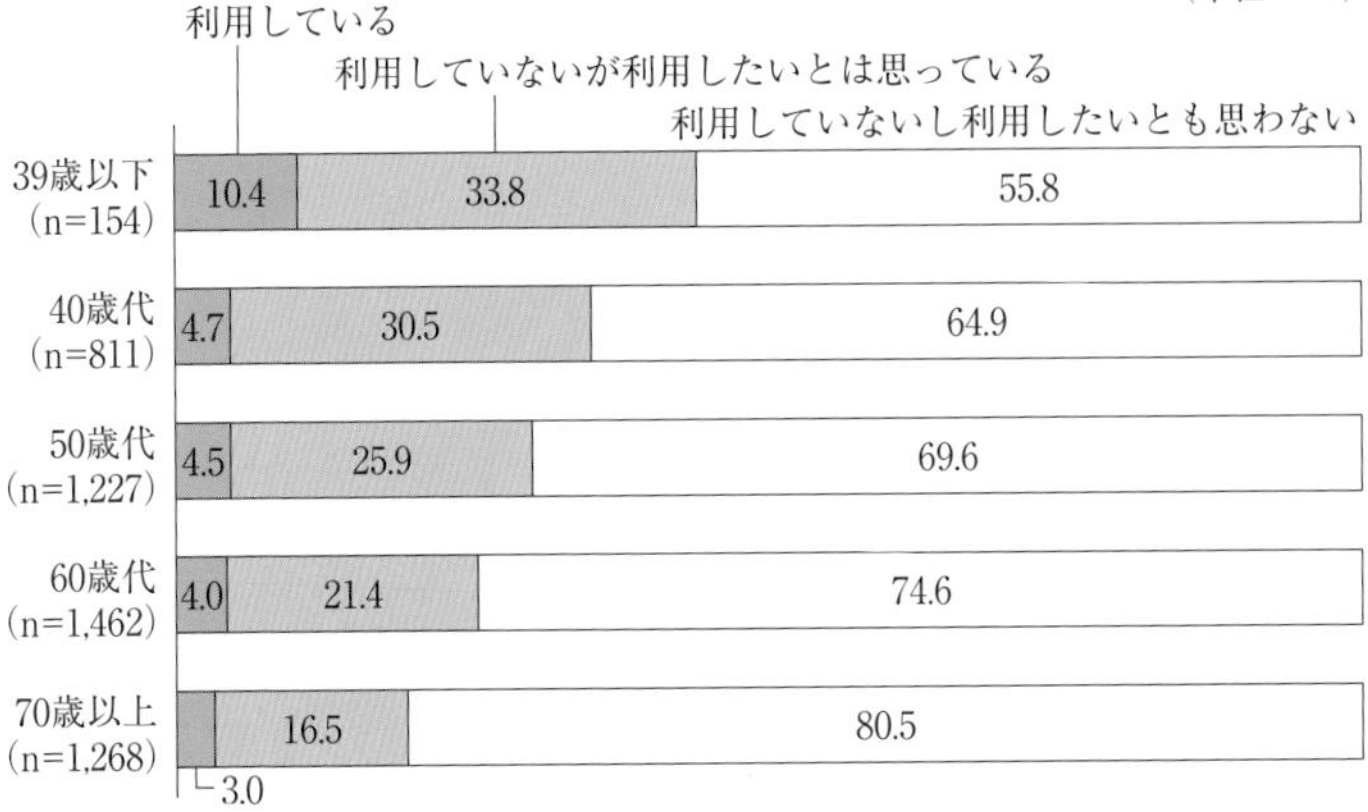

代」が23・1％、「60歳代」が19・3％、「70歳以上」が15・4％となっている。若い経営者のほうがデジタルツールに慣れているため、最先端技術を経営に取り入れる意欲も相対的に高いのだと考えられる。

他方、「利用している」企業の年齢階層別の割合は、ＩｏＴの「39歳以下」で10・4％、「40歳代」で４・７％、「50歳代」で４・５％、「60歳代」で４・０％、「70歳以上」で３・０％となり、「39歳以下」を除けば年齢による差は大きくない。一方、ロボットでは、「39歳以下」が０・０％、「40歳代」が１・２％、「50歳代」が１・２％、「60歳代」が１・３％、「70歳以上」が１・０％、ＡＩでは、「39歳以下」が３・２％、「40歳代」が２・６％、「50歳代」が２・３％、「60歳代」が

2・6%、「70歳以上」が2・2%、ビッグデータでは、「39歳以下」が0・7%、「40歳代」が1・6%、「50歳代」が1・1%、「60歳代」が1・2%、「70歳以上」が0・3%となっており、これといった傾向はみられなかった。若い経営者のほうが新しい技術になじみやすいのは確かだろうが、こうして経営者の年齢別に「利用している」企業の分布をみる限り、年齢が導入を決める要因になっているとは一概にはいえないことがわかる。

ここまでは、四つの技術ごとに利用状況を確認し、どういった企業が利用していたり、利用していなくても利用意欲があったりするのか分析してきた。本節の後半では、利用上の課題や効果についてみていくことにする。

まず、最先端技術のうち一つ以上「利用している」と回答した企業に利用上の課題を尋ねたところ、最も多く挙がったのは「十分に使いこなせていない」(42・5%)である(図－5)。「利用を進めるうえで相談相手がいない」(9・1%)も、使う側の技術的な知識の問題といえる。2番目に多かったのは、「運用にかかる費用が高い」(31・7%)という金銭的な問題であった。「特に課題はない」との回答も同じく31・7%あったものの、何らかの課題をもつ企業が約7割に上る結果となった。「信頼性・安全性に不安がある」(13・2%)という回答もあり、心理的な抵抗感といえる要素もありそうだ。

図-5　利用上の課題（複数回答）

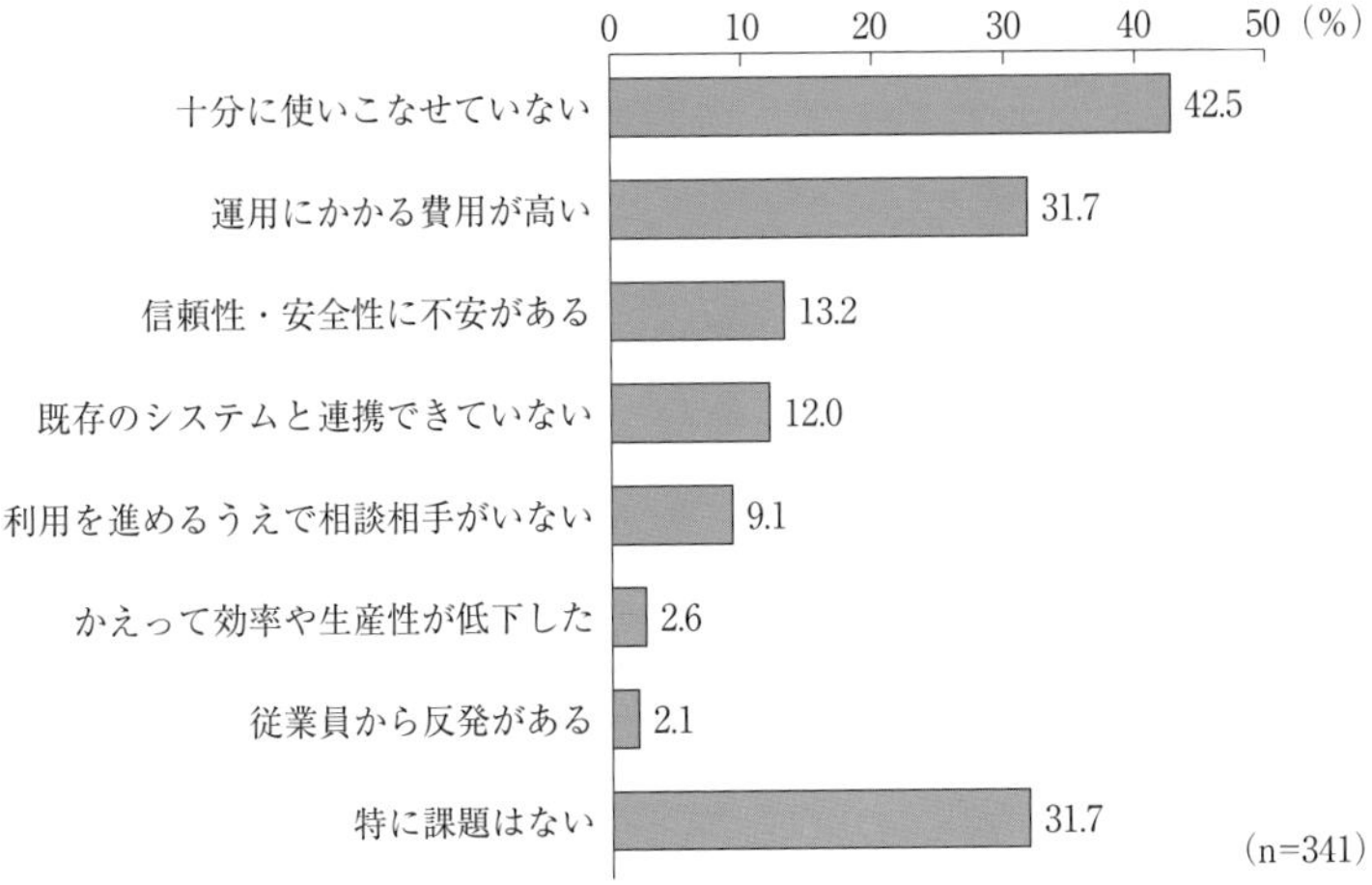

（注）IoT、ロボット、AI、ビッグデータの四つの技術のうち一つ以上「利用している」と回答した企業に尋ねたもの。

このように利用上の課題は多岐にわたるものの、最先端技術を利用する企業の多くは、利用の効果を肯定的にみているようだ。一つ以上最先端技術を「利用している」企業に尋ねた結果は、「予想以上の効果があった」と回答した割合が14・2%、「予想どおりの効果があった」が59・8%となった（図-6）。「予想より効果はなかった」は24・9%、「マイナスの影響のほうが大きかった」は1・2%にとどまっており、導入がうまくいけば、投資に見合った成果を得られる可能性は高いといえそうである。

アンケートからは、具体的にどのような効果があり、それが企業業績をどれだけ押

図-6　利用の効果

(単位：%)
(n=338)

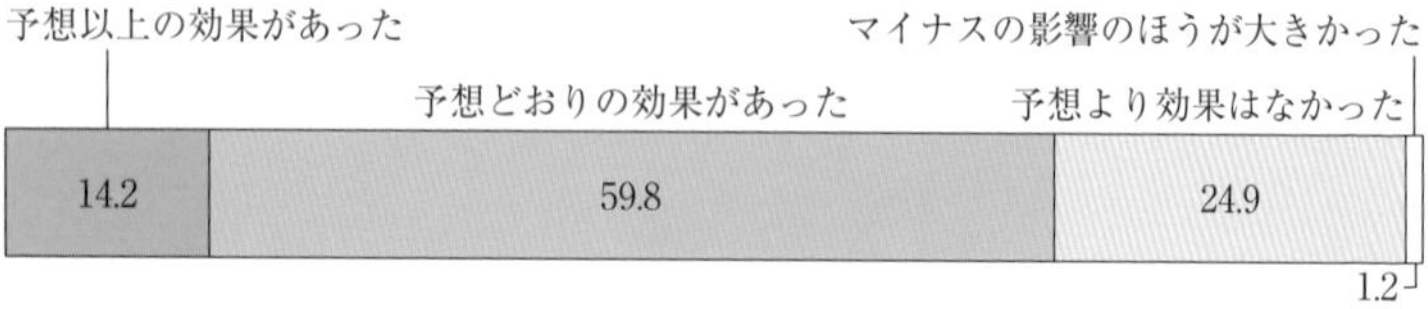

(注) 図-5に同じ。

し上げたかまではわからないものの、最先端技術を「一つ以上利用している」企業とそうでない企業を比べると、前者のほうが企業のパフォーマンスは良い。売上高をみてみると、最先端技術を「利用していない」企業では、「増加」の割合が16・2%、同じく「減少」が83・8%であったのに対し、「一つ以上利用している」企業では、「増加」が25・0%、「減少」が75・0%となった(表-4)。コロナ禍のなかの2020年7-9月期の調査において前年同期と比べた実績を尋ねた結果であるため、調査対象企業全体の売り上げ状況はけっして芳しいものではないが、二つのグループの間では明らかな違いを観察できる。

　事業を拡大する意欲も、最先端技術を「利用している」企業のほうが高い。今後、従業員数についてどのような方針をもっているか尋ねた結果をみると、「増やす」と答えた割合は、「一つ以上利用している」企業で22・5%、「利用していない」企業で17・7%となった(表-5)。一方、「減らす」方針の企業割合に差はな

表-4　売上高（利用状況別）

（単位：%）

	増　加	減　少
一つ以上利用している（n=364）	25.0	75.0
利用していない（n=4,923）	16.2	83.8

（注）1　「一つ以上利用している」は、IoT、ロボット、AI、ビッグデータの四つの技術のうち一つ以上「利用している」と回答した企業。「利用していない」は、四つの技術のうち一つも「利用している」と回答しなかった企業。
2　カイ2乗検定の結果、「一つ以上利用している」「利用していない」の間には、1%水準で有意に差があった（$P<0.001$）。

表-5　従業員数の方針（利用状況別）

（単位：%）

	増やす	現在の水準を維持する	減らす
一つ以上利用している（n=373）	22.5	72.7	4.8
利用していない（n=5,075）	17.7	77.5	4.9

（注）1　表-4（注）1に同じ。
2　カイ2乗検定の結果、「一つ以上利用している」「利用していない」の間には、10%水準で有意に差があった（$P=0.060$）。

い。ＡＩが人間の仕事を奪うといった話題が耳目を集めることもあるが、この結果をみる限り、最先端技術を導入した小企業で、ことさら人の削減が起きているということはないようである。

次に、最先端技術を利用していない企業がなぜ利用していないのかを探っていこう。図-7は、四つの技術のうち一つ以上「利用していないが利用したいとは思っている」と回答した企業に、その理由を尋ねた結果である。最も回答が多かったの

図－7　利用していないが利用したいとは思っている理由（複数回答）

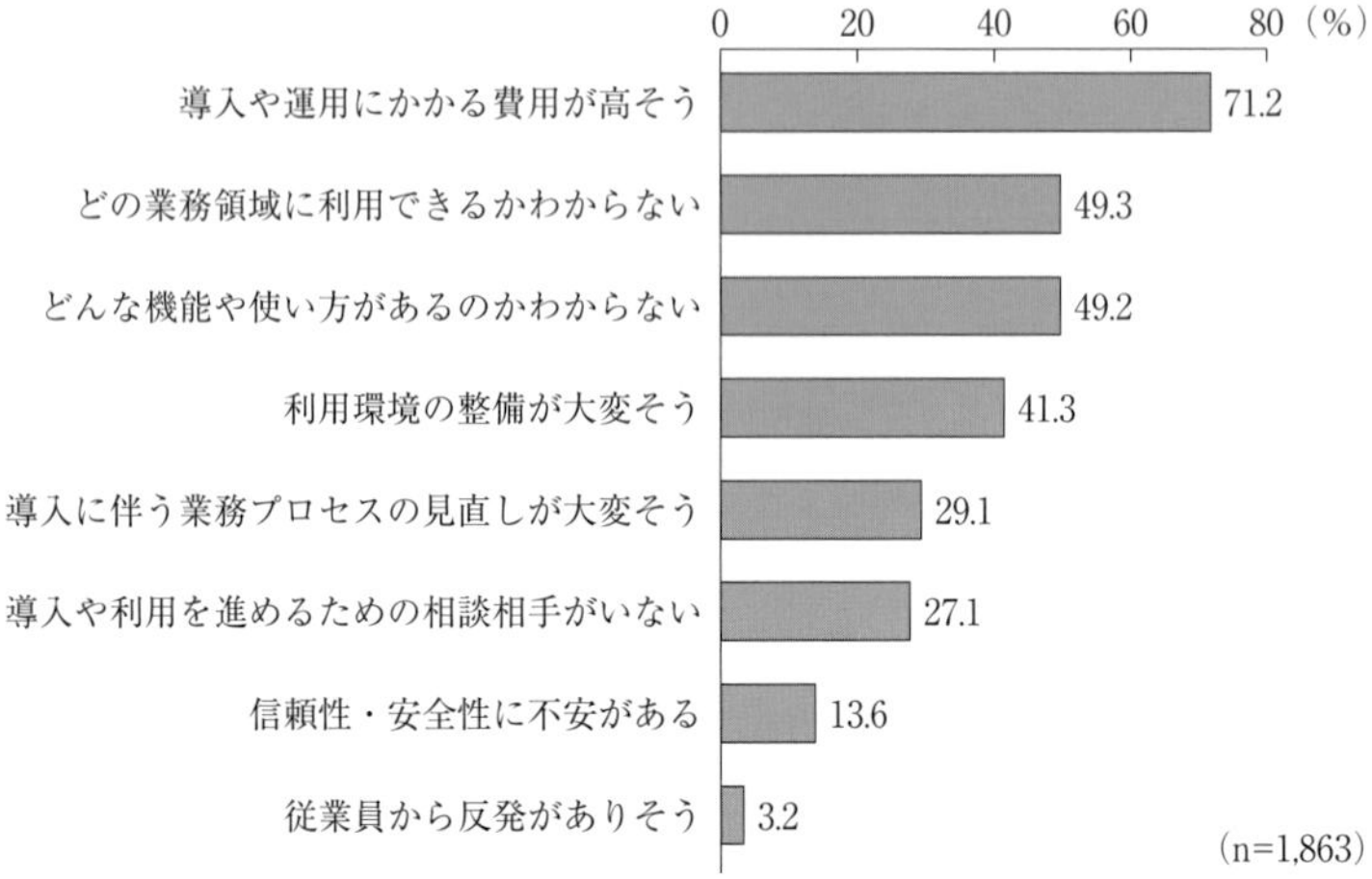

（注）IoT、ロボット、AI、ビッグデータの四つの技術のうち一つ以上「利用していないが利用したいとは思っている」と回答した企業に尋ねたもの。

は、「導入や運用にかかる費用が高そう」（71・2％）であった。利用意思のある企業の実に7割以上の回答を集めていることからは、前節で挙げた導入の阻害要因の一つである経営資源の不足のなかでも、小企業においてはカネの問題が大きいことがわかる。次いで「どの業務領域に利用できるかわからない」（49・3％）、「どんな機能や使い方があるのかわからない」（49・2％）といった最先端技術に対する理解不足の問題が挙がった。技術的な知識を得ように も、「導入や利用を進めるための相談相手がいない」（27・1％）という問題もあるようだ。「利用環境の整備が大変そう」（41・3％）、「導入に伴う業務プロセスの

図-8　利用していないし利用したいとも思わない理由（複数回答）

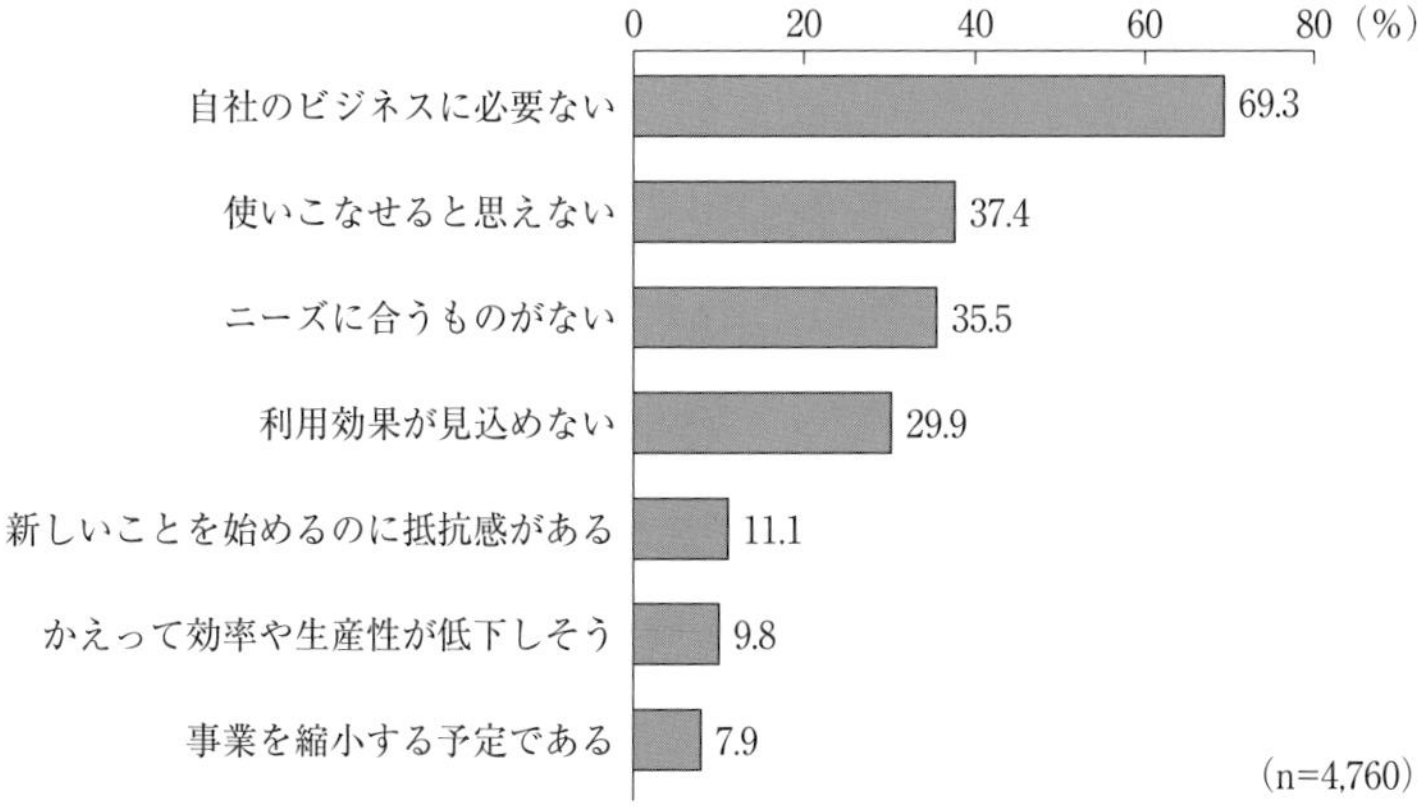

（注）IoT、ロボット、AI、ビッグデータの四つの技術のうち一つ以上「利用していないし利用したいとも思わない」と回答した企業に尋ねたもの。

見直しが大変そう」（29・1％）といった回答からは、前節で述べたデジタル化の遅れや、そこからくる心理的なハードルが技術の導入を躊躇させている様子がうかがえる。

最後に、「利用していないし利用したいとも思わない」と考える企業にその理由を尋ねてみた。最も多かったのは、「自社のビジネスに必要ない」（69・3％）であった（図－8）。これについては従業者数が「1人」の企業で71・3％、「2〜4人」で70・0％、「5〜9人」で68・5％、「10〜19人」で66・3％、「20人以上」で63・0％と、規模による回答割合の差がみられた。そもそも小さな企業では、経営者個人の技術やノウハウ、感性や個性などと事業が密接に結びついているケースが多い。こうしたビジネスの属人性は、従業者規模が「1人」に近づくほど強くなっていくだろう。最先端技術を導入できる余地があったとしても、自分の手で作業することを生きがいにしていたり、個人の人脈で商売することに価値を感じていたりして、最先端技術を利用しようと考えない企業があるのだと思われる。次いで多く挙がった理由は、「使いこなせると思えない」（37・4％）であった。技術を取り扱うノウハウの習得に難しさを感じ、利用をあきらめる企業もあるようだ。「ニーズに合うものがない」（35・5％）、「利用効果が見込めない」（29・9％）といった選択肢は、利用する意思がないとする企業の3分の1前後が挙げている。第1章で述べたとおり、最先端技術は自動化をもたらすものである。一方、小さな企業は、初めから労働集約的な経営を前提にビジネスモデルを構築している。仮に最先端技術が便利なものであるとわかっても、人に依存した生産活動がすでに定着していれば、現状を変えてまで導入したいと思わなかったり、そもそも自社のビジネスになじまないと考えたりすることもある。従業員が少なければ、技術の導入により人が解放される作業量も企業全体ではそれほど多くないはずで、利用効果を懐疑的にみることもあろう。前節で述べた労働集約度の高さや、規模が小さいということ自体が、小企業にとって最先端技術の利用意欲が湧かない理由になりうるといえる。

第3章 最先端技術を導入する目的と活用方法

（1）導入目的

前章でみたように、物理的、心理的なさまざまな要因が小企業による最先端技術の導入を阻んでいる。それだけに、困難を乗り越えるための具体的行動を起こすに当たっては、最先端技術を導入する十分な目的意識が必要になってくる。では、実際に最先端技術を使いこなしている企業は、どのような目的をもっていたのだろうか。今回取材した事例から読み取ることができたのは、大きく次の三つである。

①新規事業の創出

まずは、これまでにないビジネスモデルの構築を目指したケースである。

ロボットがコーヒーショップのバリスタとして活躍する㈱ジゴワッツ（事例１）の柴田社長は、機械設計のエンジニアとして働いていた頃、コーヒー好きが高じて自分でカフェを経営したいと思うようになった。普通なら、コーヒーを淹れる技術を身につけたり、一流のバリスタを雇い入れたりすることを考えるだろう。しかし、エンジニアである柴田社長は、高い品質を確保し、それを維持するにはどうすべきか考えた結果、コーヒーの味に大きな影響を与える工程のうち、豆を挽く、ドリップするといった、非常に熟練を要し、その日の体調や集中力によっても出来不出来が生じやすい作業について、ロボットを導入することにしたのだった。

こうした独創的なアイデアをもち、従来なかったビジネスの実現を目的とする企業が最先端技術を求めるのは、自然なことだといえよう。企業経営者や起業を考える人がもっている新たなアイデアを実現するには、従来の技術では不十分なこともある。㈱ジゴワッツの場合は、コーヒー愛好家の社長がいつかやりたいと温めていたアイデアが、ビッグデータの収集とロボット技術の進化によって実現可能になったというわけである。ここで注目したいのは、最先端技術をビジネスに活用すると、大きな発信力が期待できる点だ。多くの人にとってまだなじみのない技術は、それだけで目立つ。例えば、ロボットがバリスタである店には、コンクールで優勝した有名バリスタの店と比べて遜色ないか、それを上回るインパクトがあるのではないだろうか。これまでにない事業で社会にインパクトを与えたいという意欲のある起業家や経営者が、そのツールとしてあえて最先端技術を選択することがあっても不思議ではない。

同じ新規事業の創出であっても、㈱ジゴワッツのように新規開業の形を採るケースもあれば、既存の事業の延長線上で新しいアイデアを実現したケースもある。㈱サンエー（庵崎《いおざき》栄社長、神奈川県横須賀市、事例３）は、電気工事、太陽光発電設備の販売・設置工事を行っていた。太陽光発電設備の需要が減りつつあったことから、新たな経営の柱をつくるため、戸建て住宅販売の分野に参入したいと考えた。ターゲットは新築住宅の需要が大きい20～30歳代の若者世代である。参入に当たっては、スマートフォンで家電を操作できるＩｏＴシステムを開発し、販売するすべての住宅に導入した。

しかし、当初は売れ行きが良くなかった。積極的な売り込みが若者に敬遠されていると考えた庵崎社長は、一般的な住宅展示場でよく目にするような強引な営業トークは何とか避けたいと思った。顧客にはまるで自宅にいるように、他人の目を気にせず家を見て回ってほしい。こうして、営業担当者が同席せずとも鍵の開け閉め、照明や空調の操作を遠隔で行うことができる「無人モデルハウス」が生まれた。従来は住宅自体の付加価値を高めるためのものであったＩｏＴを、営業手法としても活用し、独自のビジネスモデルを構築したのである。今では年間40棟の新築住宅を販売するまでになった。住宅事業を始めるまでは15人だった従業員の数も60人に増えている。

㈱サンエーの建設業や不動産業のほか、小売業や飲食サービス業など伝統的な産業の小企業は、誰にとっても当たり前の旧来型のビジネスモデルで経営されていることが多い。一方で、ビジネスモデルが古くなってしまい、成長が頭打ちとなっていることに悩む経営者が、新領域の開拓に活路を見出そうとするケースもある。一般に、新しい事業を始めようとすれば、新たな投資が必要となる。その投資対象として、最先端技術を選ぶ企業があるということである。

②既存事業の高付加価値化

次に挙げるのは、商品やサービスの付加価値を高める目的で最先端技術を導入した例である。高付加価値化とは、販売単位当たりの収益性を高めて、企業活動の生産性を向上させることであり、やり方はさまざまある。二つの例を紹介しよう。

一つは、質の高いサービスで固定客を広げ、収益性を高めた飲食店の事例である。イタリアンレストランの㈱ス・ミズーラ（重岡中也社長、東京都杉並区、事例6）は、接客の質を高めるため、店を利用した約2000人の顧客情報を収集、活用している。重岡社長が前オーナーから2007年に経営を引き継いだ店は、人の往来が少ない場所にあった。売り上げを伸ばすには常連客の来店頻度を高める必要があると考えた重岡さんは、まずは顧客一人ひとりのことをよく知り、喜ばれるサービスを提供することで満足度を高めようとした。そこで、表計算ソフトを使って、顧客の名前や連絡先のほか、食べたメニュー、好き嫌い、アレルギーの有無などを、直接応対したスタッフが記録するようにし始めた。蓄積した情報を共有することで、例えば、顧客が気に入りそうな一皿をサプライズで用意したり、「今日のお薦めは?」と聞かれたとき、好みに合わせて提案したりといったことが、ほかのスタッフでも可能になる。この店は自分のことをよくわかってくれているという安心感を顧客は得られるのだ。

さらに2015年には、現店舗への移転に合わせてクラウド型の顧客管理システムを導入した。顧客データが1000件を超えたことから、表計算ソフトではデータの入力と整理に手間がかかり、検索もしにくいと感じるようになったためである。カップルのデートで、商談後の接待でといった来店時の状況、食事のペース、提供したメニュー、誕生日やその他の記念日など記録する項目を増やし、顧客との関係性を深めるのに役立ちそうなデータをもっと多く集めていく目的もあった。クラウド型にしたのは、スタッフがパソコンのある場所まで行かなくても、タブレットやスマートフォンで情報を確認できるようにするためだ。同店の料理と接客のファンが増えれば、客単価の向上も期待できるし、予約がいっぱいになって店舗の運営効率も上がっていくというわけである。


　保守サービスの品質向上と、コスト削減の両方に成功した製造業の事例も紹介しよう。

㈱ニューマインド（梨本勝実社長、東京都中央区、事例10）は、せんべいやパンなどの食品に印刷できるプリンターと可食インクの製造、販売したプリンターの保守サービスなどを行っている。同社は、保守サービスの収益性を高めたいと考えていた。プリンターの販売が年々増えて、全国で約２００台が稼働するようになると、お中元、お歳暮など贈答品のシーズンには、不具合が起きたのでメンテナンスに来てほしいという連絡が重なるようになった。社員の数は10人であり、依頼が集中すると手が回らなくなる。しかも、実際には不具合がなかったというケースも多い。メンテナンス事業が採算を悪化させていくなか、故障を未然に防ぐという付加価値をつければ、保守サービスの収益化を図れるだろうと考えるようになったのだ。

　初めは定期巡回によるメンテナンスを考えたが、定期巡回にはやはり人員の問題があるし、そもそもいつ起きるかわからない故障を定期巡回で十分に防げるとも思えない。そこで、ＩｏＴを導入したのである。プリンター周辺の温度や湿度、インクの残量などを測定するセンサーと印刷状態を撮影するカメラをプリンターに取りつけて稼働状況をデジタルデータ化し、インターネットを介して把握できるようにした。集めたデータを分析することで、営業所にいながら故障の原因を特定できる。そればかりでなく、故障につながる不具合や印刷不良を早期に発見したり、インクをはじめとする補給品・消耗品を適切なタイミングで提供したりといったことも可能になった。ＩｏＴを使ったモニタリング機能は、同社の製品の付加価値を大きく押し上げる結果となった。

このように、高付加価値化を目的に最先端技術を導入した企業には、サービスに関係する課題を重視していた例が多い。サービスにはサービスならではの特性があるといわれている。㈱ス・ミズーラが向き合ったのは、サービスの「異質性」である。人により接客の品質は異なる。顧客から情報を引き出す、話を盛り上げるといったことには得手不得手があり、接客の質を平準化することは難しいのだ。しかし、接客が得意なスタッフが集めた顧客のさまざまな情報をほかのスタッフも利用できれば、接客の質の平均値を高めることができる。同社は、顧客一人ひとりのニーズに合わせて接客するという点では異質性を追求しつつ、他方で応対するスタッフの違いによる異質性は極力排除することで、おもてなしの高度化を図ろうとした。㈱ニューマインドが解決に挑んだのは、サービスの「同時性」の問題である。販売したプリンターが正常に動作しているかどうか確かめるには、保守担当者とプリンターが同じ時間と空間にそろっている必要があった。しかし、不具合の判断材料としていた情報はセンサーで集め、インターネットを通じて保守担当者がモニタリングできるようにすることで、同社は保守サービスの能力と効率を飛躍的にアップさせたのだ。異質性や同時性といった性質は、サービスの円滑な供給を妨げる要因となることがある。これらに対処したいという思いが、最先端技術を導入する動機につながっていることがわかる。

③既存事業の効率化

最後は、時間、労力、費用などを削減し、既存の事業の効率を高める目的で最先端技術を導入したケースである。

㈱石引写真館（石引卓社長、茨城県取手市、事例8）は、卒業アルバムを制作する工程のうち、写真選びにかかる負担を減らしたいと考えていた。同社は、入学式、運動会、修学旅行などのイベントに同行して撮りためたなかから、生徒全員がまんべんなくアルバムに載るように写真を選ぶ。例えば小学校の場合、写真は6年ぶんあり、写っている子どもの顔立ちが成長とともに変わることもあって非常に神経を使う。同社は幼稚園から高校まで14校の卒業アルバムづくりを手がけており、従業員1人が覚える生徒の顔は１０００人を超えていた。加えて、写真選定の作業が佳境を迎える時期は、七五三や成人式の撮影の繁忙期と重なる。写真選びの工程を短縮することは、同社にとって切実な課題になっていた。そこで導入したのが、ＡＩによる顔認証技術である。ＡＩが生徒の特定や笑顔の度合いの数値化を行い、卒業アルバムに収録すべきおすすめの写真を自動でリストアップしてくれるようにしたのだ。

和ろうそくを製造、販売する㈲松本商店（松本恭和社長、兵庫県西宮市、事例４）では、百貨店の催事などで行う実演販売の接客にロボットを導入した。それまでは松本社長一人で和ろうそくづくりと販売をこなしていたため、接客のタイミングを逸することが多くあった。手袋を外し、手を洗うなどの支度をすませているうちに、せっかく足を止めてくれていたお客が離れていってしまうのだ。とはいえ接客のために人を雇おうにも、1日の催事の売り上げでは採算が合わない。そこで、松本さんが接客の準備を整える最初の2分間だけ、ロボットに接客を任せることにしたのである。ロボットにはＡＩと液晶画面が搭載されていて、簡単な会話だけでなく写真や動画による和ろうそくの説明ができるようになっている。例えば、来客が「ハゼの実って何かしら」と言えば、ロボットはろうの原料であるハゼの実やそれを人が摘み採っている映像を流す。こうして来客とのファーストコンタクトを円滑にすることで、同社は売り上げを増やすことに成功した。

前項までの①新規事業の創出、②既存事業の高付加価値化を目的としたケースでは、最先端技術の導入は、新しい価値を生み出したいという思いで行われていた。一方、既存事業の効率化の場合、すでに仕事上で感じているストレスや不便さを解消しようとすることが最先端技術の導入につながっている。㈱石引写真館のAIにしても、㈲松本商店のロボットにしても、一昔前なら考えられないようなことを小企業の現場で可能にした。第四次産業革命と形容される著しい技術の進展とその普及は、わたしたちの身近にある小さな企業にも恩恵をもたらし始めている。新規事業の創出という意欲的なアイデアをもたないごく普通の企業であっても、広く経営効率化策の一環として最先端技術を利用することが可能な時代になってきたということである。最先端技術は、フロンティア精神の強い企業に限らず、ごく日常的な問題解決に取り組もうとする実にさまざまな企業にとって有効な選択肢になるということである。

（2）活用方法

最先端技術を導入するに当たり十分な目的意識がもてたとしても、何をどこに使えばよいかがわからず、第一歩が踏み出せないという企業もある。第2章で紹介した当研究所のアンケート調査結果によれば、「利用していないが利用したいとは思っている」企業の約半数が、利用できていない理由として「どの業務領域に利用できるかわからない」（49・3％）や「どんな機能や使い方があるのかわからない」（49・2％）を挙げている（複数回答、前掲図－7）。

第1章で述べたとおり、最先端技術がもたらすのは、機械による人の代替である。具体的にどんな作業が、どういった技術によって、どのように代替されたのかを探ることで、最先端技術を有効に活用する方法を検討したい。

①作業の過程別にみた代替の状況

作業といっても、思考として頭のなかで行われるものや動きとして目に見えるものがある。そこで、作業を「知覚」「判断」「行動」の三つの過程に分け、それぞれの場面について事例企業ではどのように代替されているのか確認していく。

まず、人が五感で情報を得る「知覚」の過程の代替についてみていこう。

㈱ニューマインドでは、従来は保守担当者の感覚に頼って、プリンターの温度や室内の湿度などを確認し、プリンターに不具合が起きていないか把握していた。保守担当者がプリンターの設置場所に行って、湿気の多い少ないを肌で感じたり、稼働音や印影からインクの出力が強すぎる、弱すぎるといったことを確認したりしていた。ＩｏＴの導入後は、プリンターに取りつけたセンサーやカメラがそうした情報を読み取っている。

このように、ＩｏＴを利用する場合では、センサーやカメラなどのＩｏＴ機器がそのまま人の知覚器官に取って代わるケースが多いが、ほかの最先端技術を導入した場合には、機械化やデジタル化による副次的な効果として、人が知覚すること自体が不要になったケースもある。

通常の喫茶店ではコーヒー豆がうまく挽けているか確認するために、豆を挽くときの振動を手で感じ取りながら、さらに粉末の大きさを見ながら作業を進める。ドリップは、時間を計ったり香りを感じたりしながら行う。一方、㈱ジゴワッツでは、ロボットを使って豆の挽き方とドリップの仕方を一定にし、同じ品質を再現できるようにすることで、そもそも出来栄えを調整するために人が知覚を駆使する必要をなくした。㈱石引写真館の場合、従来は卒業アルバム用に撮影した写真を、従業員が一つ一つ目視で確認し、どの写真にどの生徒が写っているか特定し、写っている生徒の表情の豊かさに応じて写真をピックアップしていた。ＡＩによる画像認識システムを導入したことで、パソコンに写真のデータを取り込みさえすればよくなった。

知覚を代替するニーズが生まれる理由は二つ考えられる。一つは、人の知覚には限界があるからだ。どういった限界があるか、事例に当てはめて考えてみよう。例えば、プリンター設置場所の湿度などは、体感だけではどうしても正確に把握しきれない。体調が悪ければコーヒー豆の香りを正しく感じ取るのは難しいし、体が元気でも集中力が続かないということもある。写真に写っている人物を見落とすことだってある。つまり、人が訓練してできる域を超えた正確性やうっかりミスの防止を求めた結果として、人の知覚を機械によって代替しているのである。もう一つの理由は、知覚には個人差があるからだ。視力や嗅覚など五感の鋭さは人により異なる。さらに、良しあしの感じ方、つまりどこまでを良しとし、どこからを不良とするかの判断にもばらつきがある。最先端技術を使うことで、知覚に関する能力の平準化を目指したというわけだ。

次に、知覚した情報に基づき「判断」を行う場面では、どのように人の代替が行われているのだろうか。

フィットネスクラブのクラブコング㈱（松本整社長、京都府長岡京市、事例２）は、スポーツ医学の研究者と協力して、運動により血圧や関節などが受ける負荷に関する数百件のデータを統計的に分析し、安全で効果的な負荷量を自動的に設定するトレーニングマシンを開発した。利用者情報の管理や負荷量の計算を行うコンピューターとトレーニングマシンをＩｏＴによってつなぐことで、トレーニングマシンが自動で負荷を調節できるようにするとともに、トレーニングを通じて利用者の運動能力に関するデータを測定しタブレット端末に表示したり、履歴を蓄積したりできるようにもしている。従来はトレーナーが利用者の筋力や体調を探りながら、どのくらい負荷をかけるべきか決めていたが、今はそれを機械が担っている。㈱石引写真館では、大量の写真のなかから卒業アルバム用のおすすめ写真をＡＩがリストアップする。どのような表情を笑顔と認識するかは人が決めているものの、その条件に合致するかどうかはＡＩが判別している。

これらの事例から、判断が自動化される要因が二つ見出せる。一つは、情報が大量であることだ。人は新たに知覚した情報と過去からの記憶を関連づけて判断を行っているわけだが、頭のなかで処理できる情報量には限度があるし、記憶は薄れる。クラブコング㈱では、顧客ごとに年齢や身長、これまでの運動履歴に基づきトレーニングの負荷量を決定しているのだが、もし利用者のデータを紙に書き出して整理するとなればかなりの手間だし、負荷量の計算までトレーナーが行うのは難しい。㈱石引写真館では、適切に写真を選んでいくために従業員1人当たりが顔と名前を覚えておかなければならない生徒の数は1000人を超えていた。記憶が正しいか心配になった際、いちいち別の資料で確認していては相当な時間がかかる。しかし、こうした問題はコンピューターに任せれば解決する。もう一つの要因は、経験や専門的な知識が必要なことである。例えば、筋力トレーニングにおける適切な負荷量の設定は、人体に関する知識が豊富で、さまざまな顧客を相手にしてきた実績のあるトレーナーでなければ難しいだろう。ある学校の卒業アルバム写真を選ぶケースでは、その学校にいる生徒の顔と名前を記憶している担当スタッフでなければ作業しにくかっただろう。判断だけでなく行動に関してもいえることだが、こうした経験値や知識量がものをいう過程を自動化することで、担当者かどうか、専門家か否か、ベテランか新人かを問わず多くのスタッフが作業にかかわれるようになり、供給量をアップすることが可能だ。

最後に、目に見える「行動」はどのように代替されたのだろうか。

㈱ニューマインドでは、ＩｏＴを駆使したことで、不具合の発見のために保守担当者がプリンターの設置先まで行く必要はなくなった。同じくＩｏＴの導入により、クラブコング㈱では、トレーナーが各トレーニングマシンの負荷量を手動で調節しなくてもよくなった。㈱ジゴワッツでは、ロボットを導入したことで、スタッフがコーヒー豆を挽いたり、ドリップしたりすることはなくなった。㈱石引写真館では、生徒全員がまんべんなく卒業アルバムに掲載されるように写真をピックアップしていく仕事がＡＩにより激減した。㈱ス・ミズーラでは、クラウドを使って大量の顧客データを収集、整理したことで、常連客と初めて接するスタッフが、顧客情報を調べるためにわざわざパソコンのあるところまで移動する必要はなくなった。

こうした代替された行動には、単純なものもあれば、人が行うには習熟が必要なものもある。単純なタスクが減れば、そのぶん仕事は効率化するし、習熟が必要なタスクが減れば、先ほど判断の場面について指摘したのと同じく、専門的な能力をもたないスタッフでも商品やサービスを提供することが可能になるという利点がある。

ここまでは人の作業を三つに細分化し、どういった部分がどんな最先端技術で代替されているのか整理してきた。次に、代替される作業が人の能力と比較してどのような性格のものなのかを切り口にし、最先端技術の活用の仕方を三つに分けてみていく。

②人との関係でみた代替の状況

第1に、人と同様の作業を機械が行い、人の負担を軽減するケースである。

㈱石引写真館では、写真の選別にかかる時間が大幅に削減された。㈲松本商店では、実演販売中の接客の一部をロボットに託すことができた。いずれも、これまでは人が何とかこなしていたわけで、代替のレベル感としては初級といえるかもしれない。主たる効果は、時間や人手のかかる作業を減らすことによるコストの削減である。経営資源の限られた小企業が収益性を高め、競争力を強くするのに役立つ。

第2は、人の能力を超えるレベルで機械による代替が行われるケースである。

㈱ス・ミズーラでは、収集した顧客情報を共有することで、そのスタッフが初めて応対する顧客であっても、円滑なコミュニケーションと顧客の好みを反映したサービスができるようにした。㈱ジゴワッツでは、ロボットを使うことで、経験の少ない従業員でも有名バリスタに負けない味と香りのコーヒーを提供できるようになり、しかもいつでも同じ安定した品質を実現している。長い経験や深い専門知識が必要な作業を誰でもできるようにする、あるいはベテラン従業員でも必ず毎回できるとは限らない高度な作業を常に行えるようにすることは、最先端技術の導入によってこそ実現できたものだ。商品・サービスの質を高いレベルで安定させることは、顧客満足度の向上に効果を発揮する。売り上げを伸ばしたりコストを抑えたりするだけでなく、顧客との絆や従業員のやる気など、財務諸表に表れない資産を形成することが可能だ。

第3は、人の作業を代替することに変わりないのだが、そのやり方が機械にしかできないというケースである。

クラブコング㈱は、利用者がトレーニングマシンにかけたパワーの大きさを、タブレット端末で表示できるようにしている。ベテランのトレーナーや利用者自身でも正確に知るのが困難な実際の運動能力についても、機械を通じて科学的にデータを収集しているのである。利用者一人ひとりの体力やトレーニング効果を把握して最適なトレーニングメニューを提案するというトレーナーの作業の一部を、機械にしかできない方法で代替しているわけだ。

㈱ニューマインドは、離れた場所にあるプリンターの稼働状況を数値で把握することを可能にした。これは、時間や人手を増やしたり知識や経験を蓄積したりしても、人間には到底できないことである。ＩｏＴを導入した目的は、人がやっている保守作業の高付加価値化なのだが、そこに至るプロセスは機械にしか実現できない。このように、最先端技術を使用したことならではの付加価値が商品・サービスに加わることにより、収益力の向上はもとより、他社が容易にまねできないビジネスモデルの構築が可能になるといえよう。

③事業全体における代替部分の位置づけ

前2項の分析から、どのような作業過程がどのような能力レベルで代替されているのかわかってくれば、小企業においても最先端技術への理解が深まり、自社のビジネスへの活用イメージも湧いてくるのではないだろうか。しかし、まだ理解不足の問題は残されている。

第2章のアンケート結果をみると、いずれも複数回答で、最先端技術を「利用していないが利用したいとは思っている」企業のうち「導入や運用にかかる費用が高そう」と考えている企業が71・2％、「利用していないし利用したいとも思わない」企業のうち「使いこなせると思えない」をその理由に挙げた企業が37・4％ある（前掲図－7、図－8）。IoT、ロボット、AI、ビッグデータに対し、コストのかかる大掛かりなものであるとか、機械やITの専門家でなければわからないような難しいことを実現するためのものだといったイメージをもつ小企業の経営者は少なくないと考えられる。最先端技術を導入することで、ある業務がなくなったり、それによって何人の人手を減らしたりと、あたかも人が不要になる状態を想像するかもしれない。実際に最先端技術を活用した無人の店舗や工場も世の中にはある。しかし、小企業における活用の実態は異なる。

㈱ス・ミズーラでは、共有した顧客データにより高度な接客が可能になったのであり、接客自体に手がかからなくなったわけではない。㈱ニューマインドでは、不具合を事前に察知することはＩｏＴで可能になったが、メンテナンスは保守担当者が現場に出向いて行っている。㈱石引写真館では、卒業アルバムにどの写真を使うか最終的に決めるのはＡＩではなく従業員の仕事であり、そもそも写真選びは卒業アルバムづくりの一工程にすぎない。クラブコング㈱のＩｏＴも、人には不可能なレベルでデータ収集を行っているが、代替している範囲は、やはりトレーニングメニューの提供の一部である。このように、取材した企業に共通しているのは、最先端技術は業務や職務の全体ではなく、特定の作業のさらに一部を代替するにとどまる点だ。

最先端技術を導入するに当たっては、まずはビジネスモデルを一つ一つの作業に分解する必要がある。次に、最先端技術による代替が効果をあげる作業はどれか、最先端技術に求める能力水準は人を補うものなのか、人を超えるものなのかを検討する。そのうえで、最先端技術の導入に使える経営資源の量や、すでに根づいている業務プロセスと最先端技術の相性などを考慮し、人と最先端技術の役割分担を適切に行うことが重要であろう。

いわばオーダーメードの接客を武器にするイタリアンレストランの㈱ス・ミズーラ、生徒たちに寄り添って心のこもった写真を撮る㈱石引写真館。そもそも小さな企業の大多数は、顧客との人間的なつながりを大事にするビジネスのスタイルを採るのが特徴だ。すべてのプロセスを機械が代替してはその強みを失ってしまうに違いない。人の匂いを感じないサービスでよいのなら、むしろ資本力やスケールメリットを生かして大々的に機械を導入できる大企業に任せるのが経済全体としても合理的だろう。小企業による最先端技術の活用は、あくまで人と人とのつながりを生かすビジネス分野で新たなサービスやより効率的なサービスを提供しようとするからこそ、効果を発揮するというのが本書の主張である。本章の最後に、㈱ジゴワッツの柴田社長が語った言葉を紹介したい。「ロボットが担当するのは、豆を挽くことと湯をドリッパーに注ぐことです。残りは従業員の手作業です。技術的にはすべての工程を自動化することが可能とはいえ、開発コストのことを考えるとメリットは少ないのです。何より、従業員が誰もいない喫茶店でコーヒーを飲むのは、不気味な感じがしませんか。人と人とがコーヒーを通じてつながれる場を提供していきたいと考えています」。

第4章 最先端技術を導入するプロセス

（1）導入の背景

前章でみた導入目的と活用方法に続き、本章では事例企業が最先端技術を導入したプロセスについてみていくことにしたい。まずは導入に至る背景である。前章でみたとおり、新市場開拓や売り上げの拡大、コスト削減などの経営の目標や課題がきちんと明らかになってさえいれば、最先端技術を導入するインセンティブは十分に働きうる。こうした目標や課題は目新しいものではなく、多かれ少なかれどの企業ももっているはずだ。導入に成功した事例企業は、経営の目標や課題のために能動的に最先端技術の活用を選択した。

㈱活劇座（古賀亘社長、愛知県名古屋市、事例5）は、モーションキャプチャーという技術を活用し、モーションアクターと呼ばれる俳優が3次元コンピューターグラフィックス（3DCG）のキャラクターに動きをつける事業を手がけている。モーションキャプチャーとは、人や物の動きをデジタルデータ化して記録するものである。センサーがたくさん取りつけてあるスーツを着た同社の俳優が、ゲームやアニメに登場するキャラクターになりきり、複数の専用カメラの前で演技する。カメラがセンサーの動きを読み取り、コンピューター上にあるキャラクターの3DCGモデルの動作にリアルタイムで反映させるのだ。俳優業を営んでいた古賀社長は、格闘ゲームのキャラクターを演じる仕事を引き受けたのをきっかけに、モーションアクターを専業とすることに商機を見出して、同社を創業した。モーションキャプチャーに必要な機材をそろえ、自社スタジオも設けた。思い切った投資が効果をあげ、今ではゲームやアニメ、映画などのエンターテインメント業界から絶えることなく仕事が持ち込まれるようになっている。

カスタムカーや車のアクセサリーを販売していた㈱アイロック（古賀琢麻社長、愛知県名古屋市、事例7）は、ハンドルやペダルを操作する際の重みや振動などのデータを車種別に収集し、天候や気温などによる路面状況の違いも加味して、VR（仮想現実）によるドライビングシミュレーターを開発した。きっかけは、プロレーサーでもある古賀社長が、ブランク明けにレースの感覚を取り戻すために練習したいと考えたことだった。自動車メーカーと協力して乗り心地にかかわる膨大なデータを集めたり、レースゲームを制作していた知人を開発者として自社に迎え入れたりしてシミュレーターの完成にこぎ着けた。レーサー復帰への熱意が込もった完成品を自動車の展示会に出してみると、実車さながらの乗り心地が得られると話題になった。同社のドライビングシミュレーターは、自動車ディーラーでは、新車の試乗体験に、自動車メーカーでは、車の開発のためドライビングデータを取得するのに活用されている。

いずれの事例からも、経営者自ら果敢に最先端技術の導入に挑んでいることがわかる。

こうした能動的な行動は、取材先がたまたまそうであったわけではなく、現時点で最先端技術を導入している小企業に共通する特徴と考えられる。背景には二つの要因がある。

一つ目は、最先端技術の普及がまだ段階初期にあることだ。社会学者のエベレット・ロジャーズが提唱したイノベーター理論は、イノベーションの普及過程を示したものである。ロジャーズ（2007）によると、新しく生まれたイノベーションを最初に採用する消費者を「イノベータ」、その次に使う消費者を「初期採用者」と呼び、消費者全体に占めるそれぞれの割合は2・5％、13・5％だという。こうした消費者には、新しいものに高い感度をもち、役立つと判断すれば果敢に新製品を手に取るという特徴がある。最先端技術を「利用している」小企業がIoTで4・4％、ロボットで1・1％、AIで2・5％、ビッグデータで1・1％であることは第2章で説明したとおりである（前掲図-2）。つまり、現時点で最先端技術を導入している小企業の多くは「イノベータ」に該当し、最先端技術のもつ新しさに価値を感じていたり、好奇心やチャレンジ精神が旺盛であったりする可能性が高い。多くの企業が利用していることによる安心感がなければ導入できないといったメンタリティーは持ち合わせていないのだ。

もう一つの要因は、所帯の小さな企業であるがゆえに、柔軟で機動的な意思決定が可能だということである。新たな技術を導入することは、それなりの投資リスクを伴うだろうが、経営者の強いリーダーシップと従業員との距離の近さが「イノベータ」的な素早い行動を可能にしているといえそうだ。

本書の分析対象の企業よりも規模が大きな中堅・中小製造業によるIoT導入事例を調査した岩本・井上（2017）は、企業が越えなければならないハードルの一つに、現場の抵抗を挙げている。一方、小企業を対象とした当研究所のアンケート調査結果からは、最先端技術を「利用している」企業が挙げた利用上の課題のうち、「従業員から反発がある」は2・1％、「利用していないが利用したいとは思っている」企業が挙げた利用できていない理由のうち、「従業員から反発がありそう」は3・2％と、現場の抵抗を問題視する企業は少ないことがわかった（いずれも複数回答、前掲図-5、図-7）。加えて、ほとんどの小企業は独立資本であり、経営の意思決定が自発的に行われている。岩本・井上（2017）は、「親会社から何の連絡もないのに、自主的に新しい技術を導入するといったことは、経験上、ほとんどない」と述べており、その理由として「系列」という特殊な関係を指摘している。しかし、ごく規模の小さな企業は、大企業が組織するサプライチェーンのなかに入り込むのはなかなか難しいため、系列を意識することは少ない。取引先とは関係なく、必要なら最先端技術を導入するし、取引先から求められたために受動的に最先端技術を導入するケースは少ないと考えられる。

さらに本節の後半では、そうした能動的な企業のなかにも「自力型」と「助力型」の二つのタイプがあることを指摘しておきたい。

「自力型」の企業は、最先端技術の導入を自社で発想している。

㈱ジゴワッツ（事例1）では、機械設計のエンジニアでもある柴田社長が、コーヒーの味を決める要素を機械的に制御すれば、好みの味を再現できるのではないかと考えたのがロボット導入のきっかけだった。クラブコング㈱（事例2）では、元競輪選手の松本社長が、現役時代からデータに基づくトレーニングを行っていたことから、自社のサービスにもビッグデータを活用することを思いついている。㈱バカン（河野剛進社長、東京都千代田区、事例９）の河野社長は、子どもを連れてショッピングセンターに行ったときトイレがいっぱいで困った経験から、トイレのほか、飲食店の座席や宿泊施設の大浴場などあらゆる場所の空き情報を提供するために創業した。トイレの空き情報を収集、発信する仕組みはこうだ。各個室の壁にセンサーを設置し、扉の状態を検知できるようにする。インターネットを介してサーバーに送られたデータをもとに、独自に開発したＡＩが自動で空き状況を判断する。空き情報を、リアルタイムで「ＶＡＣＡＮ Ｍａｐｓ」という同社が提供するウェブサービスのほか、商業施設のデジタルサイネージやホームページに反映し、誰でもスマートフォンで確認できるようにするというものである。河野さんは大学院で学んだ画像解析の知識があり、初めからＩｏＴやＡＩを使って事業化することを決めていた。

こうした企業には、経営者や従業員のなかに、機械や情報処理の知識をもった人材がいるという共通点がある。これまでもデジタル技術を活用した経験があり、その延長線上でビジネスに最先端技術を導入したというわけだ。

一方、「助力型」は、外部から最先端技術の導入を後押しされた企業である。

卒業アルバム制作の効率化を目指した㈱石引写真館（事例８）は、商工会の経営セミナーで知った、茨城県による中小企業とＩＴベンチャー企業のマッチング事業を利用した。ＡＩ

の導入は、そこで紹介してもらった企業に提案されたものである。表計算ソフトで行っていた顧客情報管理を効率化したいと考えていた㈱ス・ミズーラ（事例6）では、金融機関の紹介で出会った情報処理の専門家に相談したことが現在の顧客管理システム導入のきっかけになっている。

第2章で示したとおり、最先端技術を「利用していないが利用したいとは思っている」小企業のうち、利用できていない理由に「導入や利用を進めるための相談相手がいない」ことを挙げた企業の割合は複数回答で27・1％と少なくない（前掲図－7）。アイデアの実現や問題解決のために最先端技術が選択されるには、指南役が必要な場合があるということである。㈱石引写真館が利用したような、専門家と小企業をマッチングする場のもつ意義は大きい。

（2）導入時の行動

最先端技術の導入を決めた後は、最先端技術を提供する企業を探したり、新たにハードウエアやソフトウエアを開発したりと、具体的な準備を進めていくことになる。目指すのは利用効果の最大化である。そこで必要になるのが、自社の事情に合わせた技術のカスタマイズと、新技術を受け入れるための業務プロセスの変更である。事例企業はこの二つのいずれか、あるいは両方に取り組み、自社のビジネスモデルと最先端技術を上手になじませることで、小企業らしい魅力を高めていた。

①技術のカスタマイズ

導入する最先端技術を決めた後、どの事例企業も行っていたのが技術のカスタマイズである。最先端技術を実際に活用するには、自社のビジネスシーンに合わせたものにしなければならない。具体的なハードウエアやソフトウエアを、選択して改良したり、必要なら一から開発したりする必要がある。

まず、求めるイメージに近い既製品を入手できたケースからみていこう。㈲松本商店（事例4）の接客ロボットは、松本社長がメーカーの展示会で見つけたものである。ロボット探しの前には、兵庫県にある公益財団法人新産業創造研究機構（ＮＩＲＯ）の専門家の協力を仰いでいた。活用のシーンを細かく伝え、費用や期待される効果などを具体的に聞くことで、ロボットを選ぶのに必要な知識を収集した。選ぶに当たって特に重視した点が二つあった。一つは、コンパクトなことである。実演販売会場で使うので、持ち運びが簡単なのはもちろん、行き交う人の妨げにならないようにするためだ。もう一つは、専門知識がなくても扱えることである。自分もお客さんも簡単に操作できて、なおかつAIによる学習機能がある製品を選んだ。同社ならではの接客ロボットに仕立てるため、顧客の質問によく登場するキーワードと、それに対する受け答えをあらかじめたくさんロボットにインプットしておいた。同社のロボットは、ろうそくに関する情報だけでなく、本社のすぐ近くにある甲子園球場を本拠地とする阪神タイガースの話題にも対応できる。入念な準備により、既製品の機能を最大限に引き出している。

㈱活劇座は、既製品に改良を加えた事例である。当初はモーションキャプチャーに使う球体型のセンサーが硬く、戦闘シーンや倒れたり転んだりするシーンを痛みに耐えながら演じていた。演技中にセンサーが外れてしまい、何度もリテイクすることもあった。古賀社長によれば、センサーは激しい動きを想定して設計されていたわけではなかったようである。そこで仕入れ先代理店と相談し、製造元に改良を依頼した。そのかいあって、センサーが柔らかく軽い素材に改良され、演技しやすくなった。

一方、求める機能を備えた製品・サービスが存在しないケースもある。企業ごとにビジネスモデルは千差万別であるため、当然といえば当然である。そうした場合には、新規に製品やシステムを開発することになる。

開発に当たってどのような仕様にするかの決め手は、費用対効果であろう。

先述のとおり、㈱ジゴワッツは、コーヒー豆を挽くことと湯をドリッパーに注ぐことにロボットの機能を絞った。例えば、ペーパーフィルターの端を折り返してドリッパーにセットするのは人間ならあっという間にできるが、こうした人間の手で使うことを前提にデザインされた道具を機械に扱わせるには相当複雑な動きができるようにしなければならないためコストがかさむ。加えて、コーヒーの出来を左右するような作業ポイントでもない。経営資源の制約や自動化によるメリットを明確にしたうえで、柴田社長がロボットの設計と組み立てを行い、3人の役員がロボットを動かすソフトウエアの制作を担当した。ロボットの部品には汎用品を活用し、わずか半年で開発を終えた。

機械や情報処理に明るい人材が社内にいれば自社で開発の企画を立てることが可能だが、そうでないケースがほとんどだ。その場合には、外部の知見を活用しながら開発を進めていくことになる。㈱石引写真館はIT業界出身の中小企業診断士に相談のうえ、AIによる写真選択ツールにかける予算と機能のバランスを考えた。生徒の特定、笑顔の度合いの数値化、それらに基づくおすすめ写真のリストアップに機能を絞り込むことで、ＩＴベンチャー企業と開発に取り組んでから1年ほどで稼働にこぎ着けた。㈱ス・ミズーラは顧客管理システムの開発に当たり、取引のある金融機関にエンジニアを紹介してもらった。エンジニアに表計算ソフトで管理していた際の問題点や新たに欲しい機能、既存のコンピューターでも軽快に動作するようにしてほしいという要望などを伝えながら、こちらも約1年で完成させることができた。

また、すべてを新規の開発に頼らず、既製品を組み合わせることで、効率的に導入を果たした企業もある。

㈱バカンは、空き状況を把握したい場所に応じて、開発にかかる時間や費用を考慮して、オリジナルのＩｏＴ機器と他社がつくった既存のＩｏＴ機器を使い分けて設置している。例えば、開き戸のトイレに設置するセンサーは扉の状態を検知するだけのシンプルなものでよいため、既製品をうまく活用できる場合にはそのまま使っている。一方、多目的トイレのように引き戸の場合は、空いていても使用中でも扉が閉まっているため、開き戸と同じセンサーでは空室かどうか判断できない。扉の開閉を検知するセンサーに加え人感センサーを開発し、二つの情報を組み合わせることで正確に空き状況を判断できるようにした。飲食店にあるのは、独自開発した「ＩｏＴボタン」である。店のスタッフが店内を見て、「空」「やや混雑」「満」のいずれかのボタンを押せば、インターネット上に混雑情報として反映される仕組みだ。㈱ニューマインド（事例10）は、どんな種類のセンサーをどこに取りつければプリンターの状態が把握できるかはわかっていたので、ＩｏＴ機器の開発自体は自社で進めることができた。しかし、センサーからの情報をどのように集めて分析すればよいのかは専門外だった。知り合いのＩＴ企業に相談し、その企業が販売する市販のネットワークシステムを導入した。低コストで安全性も高い。収集した情報を保管するためのクラウドサービスは、最初に相談したＩＴ企業に紹介してもらった別の企業が開発したものである。ただ、プリンターの納入先には、セキュリティー上、社内ＬＡＮとインターネットを接続させたくないという企業が多い。開発元と相談し、プライベート接続が可能なサービスにしてもらうなど、カスタマイズも加えている。

実現したい状態が具体的であるほど、導入する最先端技術にどんな機能が最低限必要となるかの検討や、最先端技術の提供者を探したり、開発者と情報を共有したりといったことがスムーズに行える。結果として、導入にかかるコストや期間を抑えつつ、最先端技術を自社にとって使いやすい形にカスタマイズすることが可能なのである。

②業務プロセスの変更

最先端技術を十分活用するためには、技術をカスタマイズすることで足りるケースもあれば、技術がもつ力を引き出せるよう、業務の進め方を変えなければならないケースもある。そうした場合の取り組みは主に二つあり、いずれもデジタル化に関係するものであることが事例から読み取れた。

第1は、アナログからデジタルへの転換である。㈱ス・ミズーラは顧客データを収集するに当たって、情報を紙に書き留めるのをやめ、表計算ソフトに記録する方法に変えた。さらに、現在の顧客管理システムを導入してからは、スタッフが各々の持ち場でタブレットやスマートフォンを使って、隙間時間に情報の入力も閲覧も行えるようになった。

こうした変更の際、重岡社長が気を使ったことは二つある。一つは、IT導入の必要性を全スタッフで共有することだ。初めこそデータ入力が手間だというスタッフもいたが、実際にデータが役立つ場面が増えてくると、スタッフが自発的に入力するようになった。もう一つは、記録と閲覧の手間を極力なくすことである。手書きのほうが速い、紙のほうが見やすいと思われていてはデジタル化が進まない。初めに表計算ソフトを導入したのは、広く使われているので、スタッフが操作しやすいと考えたからである。しかし、利用場面が増えるにつれ、毎回パソコンの前まで行ってソフトを起動するのがおっくうになっていく。顧客数が増えると画面の一覧性がなくなり、欲しい情報を探すのに時間がかかるようになってきた。入力項目もまだまだ増やしたいし、せっかく情報を集めても面倒だからと使われなくなってしまえばければ意味がないと考えた重岡さんは、従業員が不便に感じている点を洗い出して、それらを解消する新たな顧客管理システムを導入した。現在、同社では情報をデジタルで記録する習慣がつき、顧客の情報だけでなく料理のレシピについても蓄積が進んだ。これにより新メニューの開発も効率化したと重岡さんは語ってくれた。

デジタル化が遅れ、そもそも最先端技術を利用するための環境が整っていない小企業が多いことは第2章で説明したとおりである。たとえデジタル化を進めれば便利になると想像できても、すでに染みついている業務のやり方を変えるのはなかなか難しい。アンケート結果によれば、最先端技術を「利用していないが利用したいとは思っている」企業の41・3％が、利用できていない理由に「利用環境の整備が大変そう」を挙げている（複数回答、前掲図-7）。これに次いで「導入に伴う業務プロセスの見直しが大変そう」が29・1％を占めており、いずれの回答からも変化に抵抗を感じていることがうかがえる。そうしたなかで無理やり導入し、新しい技術に対する苦手意識を払拭《ふっしょく》できないまま業務を進めれば、全体としてかえって非効率になってしまうおそれもある。㈱ス・ミズーラからは、経営者がイニシアチブを発揮して職場の理解を促し、トライアンドエラーの精神で地道に使いやすさを改善していけば、そうした問題を乗り越えられることが学べる。さらに、デジタル化により情報リテラシーが向上すれば、同社のように、よりレベルの高い技術を導入したり、技術を用いる業務領域を拡大したりすることも容易になるのである。

事例にみられる第2の取り組みは、デジタル化によるデメリットの緩和である。デメリットの典型は、対面サービスの減少であろう。㈱ニューマインドは、IoTによる保守サービスによって、現場に向かう前に不具合の原因を想定しておけるようになった。例えば、原因がプリンターヘッドにありそうなら、替えのプリンターヘッドを出張時に持参することが可能なので、現場で原因を把握してから必要な部品を取りに会社に戻るといった二度手間も少なくなっている。他方で、30秒ごとに送られてくるプリンターの稼働状況を分析し、インクが固まりやすい使用環境になっているので気をつけてくださいとアナウンスするなど、運用の支援のほうを強化した。顧客からは、リアルタイムで稼働状態を見守ってもらえるのはとても安心だと評価してもらっている。IoTによる保守サービスを利用する顧客との物理的な接触は減ったわけだが、つながりはむしろ強固になっている。

顔と顔を合わせたコミュニケーションをベースとするきめ細かい対応が強みの小企業は多いはずだ。最先端技術の導入によっていくら業務が効率化したとしても、人同士の結びつきが弱くなってしまっては、技術を真に使いこなせているとはいえない。デジタルコミュニケーションが増加し、対面コミュニケーションが減少することによる悪い影響を、業務プロセスを見直すことで緩和し、最先端技術の効果を最大限に引き出すことが求められる。

(3) 導入時に対処した問題

本章では最先端技術を導入するプロセスについて、第1節で導入の背景、第2節で導入時の行動を検証した。本節では導入に際し、どのような問題に対処したのかをみていくことにしたい。ほとんどの取材先は、最先端技術の導入時に特段の問題は発生せず、スムーズに利用を開始できたと答えている。しかし実際のところは、第2章で述べたとおり、規模の小さな企業が最先端技術を導入する場合にはさまざまな阻害要因があり、それらを乗り越えていった様子が観察できる。第2章で示した四つの阻害要因それぞれについて述べていこう。

第1に、デジタル化の遅れという阻害要因がどう克服されたかである。特に苦労が大きいと考えられるのは、日常業務のプロセスを変えなければならないケースだ。前節でみたとおり、業務プロセスの変更自体が大変そうだという抵抗感は多くの企業にある。こうした心理的な阻害要因がある場合は、㈱ス・ミズーラのように、経営者がデジタル化の重要性を認識していることと、強いリーダーシップをもって職場の意識改革を進めることが鍵となる。

主な阻害要因が、デジタルデータが蓄積されていないという物理的なものである場合は、多少の時間や手間をかけても、着実に準備を進めることが大切である。㈱ジゴワッツは、何度も実験を繰り返し、豆の挽き具合とドリップの仕方による味の変化のデータセットを用意した。㈲松本商店は、和ろうそくについて顧客に伝えたいことや、逆に顧客からよく質問される内容などをテキストデータに起こしていった。他方、当然ながら、デジタルカメラで撮影している㈱石引写真館やモーションキャプチャーを使う㈱活劇座のように、すでに必要なデータがデジタルで存在するケースや、㈱ニューマインドや㈱バカンのＩｏＴのように、そもそも導入する最先端技術にデジタルデータの継続的な取得と管理を可能にする機能があるケースでは、それまでのデジタル化の遅れが問題になることはほとんどないだろう。まずは、導入したい最先端技術と自社のデジタル化の進展状況を確認したうえで、対応を進めていくことである。

第2に、労働集約度が高く、機械化の発想が起きにくいという問題である。㈱石引写真館のケースは、もともと機械やＩＴの専門知識があったわけではなかった。商工会の経営セミナーなどに参加するなかで機械化のアイデアに触れた。経営改善策を発見する場合に全般的にいえることではあるが、外に出て積極的に情報を収集することは、自社の従来の体制を見直すきっかけになる。人口減少による人手不足はますます深刻化しており、最先端技術に関するセミナーやＩＴ企業とのマッチング事業など機械化を促す経営支援の動きは活発になっていくと思われる。そうした場で信頼できる相談相手を見つけることができれば、長い間労働集約的であった現場においても、最先端技術を活用しようという発想が生まれてくるに違いない。

第3に、ヒトやカネなどの経営資源に乏しいという問題にはどのように対処しているのだろうか。まず、ヒトについてである。㈱アイロックは技術開発に当たってＩＴに強い人材を採用したが、そうした人材を社外から集めている事例はほかにはなかった。社内にハードウエアとソフトウエア両方の開発者を擁する㈱ジゴワッツのようなケースは例外として、やはり、規模の小さな企業が最先端技術に精通した人材をそろえるのは容易ではない。そうしたなか、㈲松本商店は、専門家でなくても使えることを条件に、導入するロボットを選んでいた。㈱ス・ミズーラは、広く使用されている表計算ソフトを用いてペーパーレス化を行い、利用を進めるなかで見つけた問題点の解消を図るためにクラウドによる現在の顧客管理システムを構築した。使いこなせる人材がいないために宝の持ち腐れになってしまうことのないよう、素人でも機能や使い方が理解できる技術を選択したり、そうした扱いやすい技術にするために開発やカスタマイズを行ったりする必要がある。

次は、当研究所のアンケート調査結果で最も大きな問題に挙がったカネについてだ。費用を抑えるために事例企業が行っていたのは、最先端技術を利用する業務領域や最先端技術に求める機能の絞り込みであった。コーヒーを淹れるための工程すべてを自動化してもコストが大きくなりすぎると判断し、豆を挽く、ドリップするという二つの作業にロボットを導入した㈱ジゴワッツ、トイレの個室に人が入っているかどうかさえわかればよいという目的に合わせ、機能と価格を抑えた既製品のセンサーをＩｏＴ機器に採用した㈱バカンが代表例である。また、ＡＩの導入に当たって費用が高そうだという先入観をもっていた㈱石引写真館の石引社長は、よろず支援拠点で紹介してもらったＩＴに強い中小企業診断士に相談し、機能の絞り込みを行ってからＩＴ企業に開発を依頼した。コストパフォーマンスについて検討する知識が自社にない場合、外部に助言を求めるのはもちろんだが、複数の人の意見を聞き比べてみることも大事であろう。

最後に、デジタル化の遅れや労働集約度の高さ、経営資源の不足といった問題に対処し最先端技術を導入することで、これらの問題が相互に作用して引き起こす負のスパイラルを打ち破れるということも指摘しておきたい。㈱ス・ミズーラは、まず顧客情報のデジタル化を行った。対面による接客という労働集約的な仕事にデジタルの発想を持ち込んだことで、従業員の情報リテラシーが向上した。そのため、より高機能な顧客管理システムを円滑に導入することが可能になった。料理のレシピに関する情報のデジタル化も進めるようになり、メニュー開発という同じくこれまで労働集約的だった分野でもデータの活用が進んだ。接客と料理の質の向上が常連客の増加や店舗の運営効率の改善につながり、収益力が高まった。効率化によって生じた余力は、百貨店のイベントやオンラインで料理品を販売するといった物販事業の強化につながり、さらに業績を伸ばすきっかけにもなった。また、百貨店のイベントに出店するには材料の仕入れ先や料理のカロリーなど詳細な情報を主催者側に事前に知らせる必要があり、データを整備していたことが役立ったと重岡社長は振り返る。接客の質を高めるために始めたデジタル化がさまざまな成果を生み、企業を成長させる好循環を生んだのである。

第5章 最先端技術の導入による成果

前章では、最先端技術の導入時のプロセスとその際発生する問題に対処するための道筋を示した。いよいよ導入による成果に目を向けてみよう。本章では、第1節でマーケティングに関する成果、第2節で組織運営に関する成果について述べていく。最後の第3節では、新型コロナウイルス感染症の拡大が社会に大きな影響を与えていることに鑑み、そうしたなかで業績を維持、さらには向上させるために最先端技術が役立っていることを紹介したい。

(1) マーケティングに関する成果

第3章では、新規事業の創出、既存事業の高付加価値化や効率化など最先端技術を導入する目的について論じた。本節は、そうした目的で導入した技術を用いて商品やサービスを提供することにより、結果として事例企業がマーケティング面でどのような成果を得たのかを分析するものである。最先端技術の活用がもたらした需要や顧客層の変化に着目し、①需要の創造、②周辺市場への進出、③既存客層の深耕の三つに分けて整理した。

①需要の創造

需要の創造とは、新たな商品・サービスを提供することで、それまでにもあったが、どの企業も応えることができていなかった需要を掘り起こしたケースである。非常に先進的なマーケティングといえる。

㈱バカン（事例9）は、IoTやAIを活用し、トイレや飲食店などの場所と混み具合をリアルタイムで地図上に表示するVACAN Mapsというウェブサービスを提供している。従来であれば、例えば空席があることを知らせたい飲食店は、店の外に「空席あり」の札を下げたり、「今ならすぐ入れます」と店の外で従業員が声をかけたりするのが一般的だった。すぐに食事できるのか知りたい人は、店に問い合わせるか、実際に店まで行ってみるかしなければならなかった。初めて訪れる場所ではどこに飲食店があるかということから調べなければならず、スマートフォンで簡単に地図を見られるようになったとはいえ、面倒であることに違いはない。すでに普及している地図アプリの多くは指定した場所の混雑時間帯を表示する。しかし、あくまで過去の統計に基づく状況を示しているにすぎず、リアルタイムの情報ではない。予約アプリにしても、直前の予約には対応していないものばかりである。集客力の向上を図りたい店側と、手間をかけずに今すぐ入れる店に行きたいと考える顧客側をつなぐサービスはこれまでにない画期的なものだ。ＶＡＣＡＮ Ｍａｐｓは、サイトにアクセスすれば誰でも空き情報を確認できる。無料の会員登録をすれば直前予約サービスも利用可能だ。サービスが始まった２０２０年からの1年間で、ショッピングモールや飲食店など情報を提供する施設の数は５０００件に達し、会員登録するユーザーも増えている。初めて空き情報配信サービスを手がけた２０１８年時点で5人だった従業員は、２０２０年には70人以上に増えるなど、同社は大きく成長した。

さまざまな場所の空き情報は、ずっと昔からわたしたちの間に大きなニーズがあったはずだ。しかし、同社がサービスを開始する前には、そうしたニーズに応えようという発想自体が企業側になかったわけである。隠れた需要を掘り起こす、まさに需要の創造に成功した例だ。また、河野社長によれば、画像解析技術が飛躍的に進歩していたことや、３Ｄプリンターの普及によりハードウエアの開発コストが低下していたこと、通信コストが低価格化していたことなどが、サービスの構想を具体化する後押しになったという。第3章でも指摘したように、独創的なアイデアが第四次産業革命による技術の進化によって実現可能になったわけである。最先端技術を用いて新しいビジネスを生み出し、未開拓市場の開拓者となれれば、競争を回避して効率よく収益を得たり、仮に競争が起きても先行利得を獲得したりすることが期待できるというものだ。

㈱ジゴワッツ（事例1）によるロボットのバリスタや㈱サンエー（事例3）による無人モデルハウス、㈱活劇座（事例5）のモーションアクター、㈱アイロック（事例7）のとことんリアルなドライビングシミュレーターも、それまでには世の中に存在しなかったサービスを創造したといえる。ただ、コーヒーショップや戸建て住宅のモデルハウス、俳優、ドライビングシミュレーターという需要自体に応える同業者はたくさんある。㈱バカンのようにゼロから需要を創造したとまではいえないが、同業者がまったくやっていない方法で潜在的な需要を開拓した例とみることができよう。

②周辺市場への進出

第2のパターンは、最先端技術を導入したことが、従来の顧客層だけでなく、関連する新たな顧客層の獲得にもつながったケースである。最新技術導入の副次的効果ともいえよう。

フィットネスクラブのクラブコング㈱（事例2）は、個人客だけでなく、介護事業者を新たな取引先に加えることができた。ＩｏＴを利用したトレーニングマシンと利用者ごとのデータに基づくいわばオーダーメードの指導により、介護が必要な高齢者でも、個々人のさまざまな体の事情に配慮し安全にトレーニングができることが理由である。運動能力の変化を数値で確認でき、トレーニングの成果が目に見えるということが、介護を受ける高齢者からモチベーションになると喜ばれている。生き生きと運動する様子に、介護施設の職員も驚いているという。ＩｏＴを活用してサービスの品質を高め、かつ顧客ごとにカスタマイズできるようにした結果、新たな顧客層を開拓することに成功したのである。モーションキャプチャーを用いて３ＤＣＧキャラクターに動きをつける㈱活劇座は、ゲームやアニメ、映画などのエンターテインメント業界をターゲットとしていたのだが、自動車メーカーや鉄道会社から、シミュレーターに登場する乗客や歩行者の役を演じてほしいという依頼を受けるようになった。メーカーや介護施設などからも、研修用のＶＲ映像を受注するようになった。例えば、メーカーとの仕事では、工場内で危ない動きをする作業者を演じた。介護施設では、要介護者の動きを再現した。これらの企業には、現実の世界で失敗が起きると大きな問題になるため、ＶＲを用いてより本番に近い場面を体験しておきたいというニーズがある。そのため、モーションキャプチャーを使った演技を専門的に行う同社が求められたというわけだ。これらの事例からは、従来想定していなかった顧客に商品やサービスを提供するという波及効果が生まれていることがよくわかる。

㈱サンエーの場合は、自社の無人モデルハウスに使うため開発したＩｏＴシステム自体を全国の工務店に向けて販売している。無人モデルハウスの活用方法や利用実績を紹介することで、説得力のある営業活動ができる。自社が確立させたビジネスモデルをノウハウごと普及させたいと考えたことが、同業者である工務店を新たな顧客として取り込むことにつながった。最先端技術の利用側から提供側になることで新しいビジネスを成立させたケースである。計画段階ではあるが、㈱石引写真館（事例８）も、卒業アルバムづくりを効率化するＡＩシステムをパッケージ化し、ライセンス販売する予定だ。㈱ジゴワッツも、自社で開発したコーヒーを淹れるロボットの普及を考えている。

③既存顧客の深耕

マーケティングに関する成果の第３は、従来の顧客との関係をさらに深化させたケースである。

イタリアンレストランの㈱ス・ミズーラ（事例６）は、クラウドに蓄積した顧客データを活用している。データを踏まえ、顧客の好みに合うようなメニューを提案することで、顧客満足度を高め、同社の接客と料理のファンを増やしていった。今や同社の顧客全体に占める常連客の比率は9割を超える。リピートする回数が増えるほど、その顧客のデータはより充実していき、同社のサービスの品質も高まる。1人の顧客が注文する品数が増えたり、ワンランク上の料理が選んでもらいやすくなったりしたことで、システムの導入前と比べると客単価は約20％、売り上げの総額は約50％増加した。まさに、既存顧客を深耕しているわけである。

顧客と関係性を深める手段としては、ＩｏＴの技術を駆使して顧客と直接つながることも有効である。ＩｏＴによるモニタリングで食品用プリンターの不具合を事前に察知できるようにした㈱ニューマインド（事例10）は、顧客から、プリンターが壊れれば生産ラインを止めなければいけないため、リアルタイムで常に稼働状態を見守ってもらえるのはとても安心だと高く評価されている。顧客満足度の向上は、同社の業績アップの原動力となっている。

最先端技術を導入したことで生産性が向上、自社の供給能力が高まった結果として顧客を増やしている事例もあった。㈱石引写真館は、ＡＩにより卒業アルバムづくりにかかる時間と労力が削減されたことで、卒業アルバムの新規受注が可能になった。さらに、より利益率が高いスタジオ撮影を強化することもできたため、収益力が向上した。何より、顧客のさまざまなライフイベントをスタッフの高い技術で記録するスタジオ撮影は、末永く同社を支持してくれる顧客を獲得する好機だ。和ろうそくを製造する㈲松本商店（事例4）は、接客をロボットに任せることで実演販売会を行う際の売り上げを増やした。第3章ですでに紹介したように、それまでは松本社長が一人で実演と販売を行っていたため、顧客が立ち寄ってくれても、松本さんが手を止めて接客の準備をしている間に離れていってしまうということが続いていたのだ。顧客は接客そのものよりも、松本さんの熟練の技を目の当たりにすることに満足を覚える。結果として、接客ロボットの導入が顧客との関係強化につながったのである。いずれの事例も、最先端技術の活用により機会損失を減らして既存の顧客層の深耕に成功している。

（2）組織運営に関する成果

前節は、最先端技術の導入により事例企業が得たマーケティングに関する成果についてまとめた。マーケットという外部環境に着目して分析したわけだが、本節では、組織運営という企業の内部環境の変化に注目し、最先端技術の活用によって経営がどう進歩したのかみていきたい。

①時間、労力、コストの削減

最先端技術の導入は、時間や労力、コストなどの削減をもたらす。本節では、こうした効率化によって直接的に得られる組織運営上の成果について述べていく。

㈱石引写真館は、卒業アルバムづくりにＡＩを導入したことで、掲載写真を選ぶ工程にかけていた作業時間が年間で40分の1に減少した。作業に費やしていた労力や人件費も大幅に減少した。そうした結果同社に起きた変化の一つとして、労働投入量の減少で労働生産性が高くなったことはいうまでもない。もう一つの変化は、職場環境の改善である。卒業アルバムづくりが大詰めを迎える1月でも、従業員の残業時間はゼロになった。計画的に休暇が取れるようにもなった。また、写真選びという大量かつ単調な作業によるストレスがなくなったことで、従業員の働くモチベーションも向上した。最先端技術を活用して物理的にも精神的にも余裕をつくることで、従業員満足度を高めたのである。

㈱石引写真館はそもそも卒業アルバム制作の作業を効率化しようとしてＡＩを導入したの

であるが、時間や労力の削減効果は、業務の効率化とは別の目的で最先端技術を導入した企業でも表れている。高品質の接客サービスを提供する目的で顧客データを活用している㈱ス・ミズーラは、紙や口述ではなく、スマートフォンやタブレットを使って情報を共有するようにした。スタッフの間で顧客に関する情報の引き継ぎにかかる時間や労力が減少したことで、生産性は大きく向上した。重岡社長によれば、接客のちょっとした合間にでも詳細な顧客データにアクセスできるため、スタッフは自信をもって接客に臨んでおり、士気も上がっているという。おいしいコーヒーをいつでも手軽に提供しようと㈱ジゴワッツが開業したロボットカフェでは、人が手作業でコーヒーを淹れる店と比べ、従業員の作業量は少なく、技能習得に費やすコストも小さい。熟練ではない従業員が一人でも店を切り盛りすることが可能だ。ロボットの開発費はかかったが、人件費の高い有名バリスタを雇い続けるのに比べれば割安であろう。無人モデルハウスを新築住宅販売の営業活動に用いる㈱サンエーでは、従業員がモデルハウスに常駐する必要がないため、無駄な待機時間は一切発生しない。第3章で述べたとおり、最先端技術には人が行う作業を代替するという特徴がある。そのため、導入目的にかかわらず、最先端技術を導入する前よりも後のほうが、さらに、利用していない企業よりも利用している企業のほうが、組織の運営効率は高くなるのである。

②空いたリソースの再分配

前項では、時間、労力、コストの削減が直接的にもたらす組織運営上の成果を取り上げたが、本項で述べるのは、効率化により捻出した時間、人手、資金などのリソースの活用がもたらす成果、つまり、間接的な成果についてである。事例企業は何にトライし、どういった収穫を得ることができたのか確認していこう。

第1の成果は、人材の育成・能力開発である。ＡＩの導入により時間と採算に余裕ができた㈱石引写真館は、カメラ撮影の経験を条件としていた募集要項を改めて、未経験者の中途採用を始めたほか、新卒採用も再開した。石引社長自ら指導マニュアルを作成し、先輩従業員によるマンツーマンのＯＪＴを行ったことで、新人にも一通り撮影を任せられるようになった。前節で述べたとおり、同社はスタジオ撮影を強化して収益を伸ばした。新たなカメラマンが育ったことはその原動力になっている。㈱サンエーの従業員は、モデルハウスに常駐する必要がない代わりに、住宅ローンの金利や自治体の補助金など住宅の購入に関する情報から、壁についた汚れの落とし方といった生活の豆知識まで整理し、顧客に発信している。知識の豊富な従業員がいることは、顧客が住まいのことを安心して相談できる関係を築くのに役立っていて、同社の成約率の高さにつながっている。このように、人の能力を伸ばすることにより、人が生み出す商品・サービスの量的・質的な供給能力が高まれば、企業競争力を向上させることが可能である。

第2に、組織の潜在能力の掘り起こしである。㈱ス・ミズーラは、店が繁盛し多忙な状態にありながら、物販事業を強化することができた。レストランの運営効率が高まったことで、参加するイベントの趣旨や出店スペースの大きさ、調理設備の有無に合わせたオリジナル商品の企画、開発した商品のオンラインショップでの販売などに労力を割けるようになったからである。同社は物販の仕事を拡大することができたわけだが、これは効率化によって生じた人的リソースを使ってこそ成し遂げられたものである。商品の企画には同社の料理を熟知した人材が必要であり、たんに人手が増えるだけでは意味がない。一時的に人を雇うことでは対応できないわけで、もともとあった潜在的なヒト資源をうまく活用したことがビジネスの領域を広げる結果につながったのである。

いずれの事例も、二次的にマーケティング面の成果を引き出している様子がみてとれる。実際に業績アップにつながるまでどれだけ時間がかかるかは企業により異なるだろうが、効率化によって生じたリソースをうまく再分配すれば、最先端技術の導入時に期待した以上に業績を伸ばすことができる。また、各事例企業で新たに人が担うようになったり、以前より人の役割が増したりした作業を振り返ると、写真の撮影や商品メニューの開発など、創造力が求められる性質のものであることがわかる。機械には難しい人ならではの仕事は何かを見定め、そこに人的資源を集中させることが、最先端技術の導入により経営を進歩させるうえで大事なポイントになるといえよう。

(3) 新型コロナウイルス感染症拡大への対応

本章で行ったこれまでの分析から、事例企業は最先端技術を活用し、導入時に狙った成果だけでなく、副次的に別の成果も得ていることがわかる。最先端技術の導入は、前節で述べたように時間、労力、コストなどを削減したり、第4章で確認したとおりデジタル化の遅れや労働集約度の高さなどを改善したりすることにつながる。これらは特定の業務領域に限らず、事業全体に効果を与えるものであるため、導入前に期待した以上の成果を得られた事例が多いのだろう。

取材を通じて、最先端技術を導入したことによる望外の収穫に、新型コロナウイルス感染症が拡大する状況に対処できたことを挙げる企業もあった。わが国のほとんどの企業にとって、コロナ禍は想定外の事態であった。多くの企業は、生産や集客の減少といったダメージを受けている。そうしたなか、最先端技術を活用していたことで、業績を維持あるいは向上させた事例もあるのだ。

㈱サンエーの無人モデルハウスは、２０２０年4月に政府が緊急事態宣言を発出した際も利用者が絶えることはなかった。他人との接触を気にせず心行くまで住宅を見られると家族連れに好評で、同社は住宅販売の成約件数を順調に伸ばしている。同社はもともと、見学者にわが家をもつという体験をよりリアルに味わってほしいという思いから、従業員の付き添いなしで運営できるようＩｏＴを使って無人モデルハウスをつくった。非接触を追求したことが結果として奏功したわけである。㈱バカンがＩｏＴやＡＩを活用して提供するサービスは、混雑状況の発信だけではない。小売店や飲食店、イベント会場などの順番待ちを管理するサービスもある。例えば、小売店がオンラインや店頭に設置したタブレット端末で受付番号を発行し、順番が近づくと入店待ちの顧客に通知を送信するというものである。店内の混雑も待機列による混雑も避けることができる点が店側とその利用者の両方から好評を得ており、サービスの活用は広がっている。

そもそもＩｏＴやロボットは人と人との接触や人の移動を減らす。ＡＩやビッグデータはそれらの技術と相性が良い。四つの最先端技術は、非接触を求めるウィズコロナのニューノーマルと親和性が高いのである。ただ、いずれの企業もむやみに機械化を進めたわけではない。あくまで顧客のニーズをかなえたうえでのことである。㈱サンエーは、人の目を気にせず家を見たいという見学者の気持ちに、㈱バカンは、来店客に安心して買い物や飲食を楽しんでほしいという店と混雑を避けたいという人の思いに応えようとしたからこそ、人の手で商品やサービスを提供する場合よりも顧客満足度を高めている。物理的な接触をなくしてもかえって顧客とのつながりを強め、コロナ禍でも業績を維持、向上できたゆえんである。

他方、人の接触や移動を抑える目的で最先端技術を導入したわけではない企業においても、最先端技術の活用によって顧客との人間的なつながりを強固にしていたことが、コロナ禍を乗り切る原動力となっている。緊急事態宣言下で一時的に営業を自粛したイタリアンレストランの㈱ス・ミズーラだが、宣言が解除された２０２０年5月以降は好業績を保っている。同社の状況を気にかけた常連客が、「応援したいから」と言って、いつもよりグレードの高いワインを注文したり、店内での食事に加えてテイクアウトを利用したりしてくれたことが要因だった。同社は従来よりも席数を減らし、時間を短くして営業を再開したが、売り上げは順調である。感染防止策として、マスクの着用を来店の条件としたり、入店人数や滞在時間を制限したりもしているが、顧客は快く応じてくれている。データを活用した接客により顧客一人ひとりと深い関係を築いていたおかげだと、重岡社長は強く感じている。ウィズコロナの時代を生き残るため、一刻も早く最先端技術を取り入れて接触や移動を減らしたいと考える企業もあると思う。ただし、最先端技術の導入を業績向上につなげるには、まずは顧客との結びつきを強める仕組みを考え、そこに最先端技術を生かすという発想が必要だろう。

第6章　最先端技術を活用するための課題

前章で述べたとおり、最先端技術の利用によりさまざまな成果が期待できる。事例企業は数少ない成功例というわけではない。当研究所が行った前出のアンケート調査結果によれば、四つの最先端技術のいずれかを「利用している」企業のうちでは、「予想以上の効果があった」（14・2％）、あるいは「予想どおりの効果があった」（59・8％）と答えた企業が約4分の3を占める（前掲図‐6）。最先端技術の導入にこぎ着けた企業の多くは、思っていたとおりかそれ以上の成果を得ているということである。一方で、「予想より効果はなかった」（24・9％）、「マイナスの影響のほうが大きかった」（1・2％）と回答した企業も一定数あることは無視できない。以下では、こうした企業を「予想未満企業」、「予想以上の効果があった」「予想どおりの効果があった」と回答した企業を「予想以上企業」と分類する。予想未満企業が思うような効果を得られていない理由を探るため、アンケート回答結果を予想以上企業と比べてみよう。

最先端技術の利用上の課題を予想未満企業の回答が多い順にみると、複数回答で「十分に使いこなせていない」（49・4％）、「運用にかかる費用が高い」（44・8％）、「既存のシステムと連携できていない」（24・1％）、「信頼性・安全性に不安がある」（23・0％）、「かえって効率や生産性が低下した」（9・2％）と続く（図－9）。

「十分に使いこなせていない」は、予想以上企業が最も多く挙げた課題でもある。予想以上企業では、導入した最先端技術が思ったよりパワフルで、一定以上の効果を引き出せているが、もっと活用できそうだというポジティブな見方があるのだろう。予想未満企業が「十分に使いこなせていない」と考える要因を検討するに当たっては、「既存のシステムと連携できていない」、「信頼性・安全性に不安がある」、「かえって効率や生産性が低下した」など予

図-9　利用上の課題（予想以上企業、予想未満企業、複数回答）

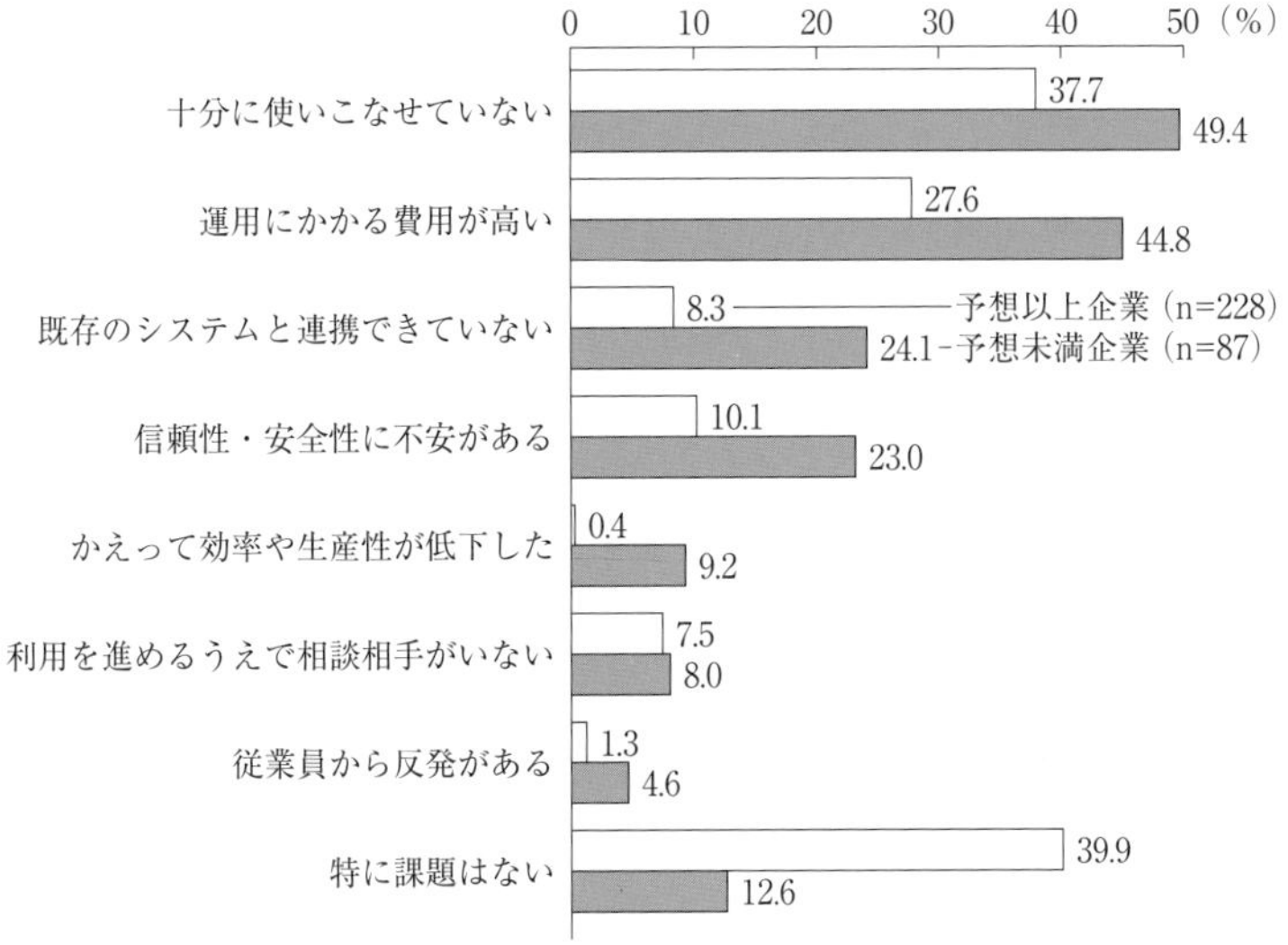

（注）IoT、ロボット、AI、ビッグデータの四つの技術のうち一つ以上「利用している」と回答した企業のなかで、利用の効果に対し、「予想以上の効果があった」「予想どおりの効果があった」と答えた企業が「予想以上企業」、「予想より効果はなかった」「マイナスの影響のほうが大きかった」と答えた企業が「予想未満企業」。

想未満企業のほうが多く挙げている課題がヒントになりそうだ。

第4章で述べたとおり、最先端技術を活用して成果を得ている事例企業は、技術のカスタマイズや業務プロセスの変更、デジタル化の推進などに取り組んでいる。そうしないと、「既存のシステムと連携できていない」「信頼性・安全性に不安がある」「かえって効率や生産性が低下した」といった事態になり、結果として技術を使いこなせなくなるのではないだろうか。例えば、㈱ス・ミズーラ（事例6）

は顧客管理システムを導入するに当たって、自社にある既存のパソコン上できちんと動作するようシステム開発者と打ち合わせていた。また、入力や閲覧がそれまで使っていた表計算ソフトよりも簡単にできなければかえって効率が落ちると考え、開発では何より操作性を重視した。これまで従業員が不便に感じていた細かな点を改善できないかも要望した。食品用プリンターを販売する㈱ニューマインド（事例10）は、情報セキュリティーへの配慮から社内ＬＡＮとインターネットを接続させたくないという取引先が多いだろうと考え、ＩｏＴの導入に当たりプライベート接続が可能なクラウドサービスを利用している。こうした下ごしらえが不足していると、最先端技術を導入してもうまく使いこなせず、効果を引き出せないおそれがある。

2番目に多い「運用にかかる費用が高い」については、効果が得られていない理由というより、十分に効果が得られていない結果として費用対効果が問題になっているのだろう。ただ、自社のビジネスモデルに合うか熟慮せず、高かろう良かろうという目線で導入対象を選択してしまったというケースはあるかもしれない。そうした場合、これも第4章で述べたように、最先端技術を活用する狙いを十分に定め、最先端技術に求める機能を絞るという手順を踏む必要があると考えられる。

技術のカスタマイズや機能の絞り込みなどを行うには、最先端技術についての正しい知識が必要である。そもそも予想どおりの効果が得られないというのは、導入前のイメージと導入後の現実が乖離していることの表れであり、あらかじめ正しい知識をしっかり得ていなかったことが疑われる。他方、そうした知識を自力で獲得する余裕のある小企業は多くない。四つの最先端技術はいずれも実用化されて間がなく、買ってきて取扱説明書どおり使えばすむ家電製品と同じというわけにはいかない。そうしたなかでは、意思決定を行う経営者が、最先端技術の供給者やすでに導入している先輩企業にアクセスできることが大事だろう。第４章でみたように、㈱石引写真館（事例８）や㈱ス・ミズーラ、㈲松本商店（事例４）などは、商工会が主催するセミナーやマッチング事業、よろず支援拠点や取引先の金融機関による専門家の紹介を利用して、最先端技術の提案や開発を行う人材と出会っている。もともと画像解析技術に関する知識があった㈱バカン（事例９）の河野社長も、ＩｏＴ機器の基板の設計といったハードウエア面は専門外であったため、東京都の起業家向けプログラムを利用した。メンターとなった大企業の社員や先輩起業家に相談し、センサーの開発や製造委託先選びについてアドバイスを受けたり、製品の実証実験の場を提供してもらったりもしたという。ＩｏＴ住宅の販売と無人モデルハウスの運営を行う㈱サンエー（事例３）も、使用するＩｏＴシステムを単独で開発するのは難しかったという。協力企業を探したがなかなか見つからず、10社ほどを訪ねて回ったと、庵﨑社長は苦労を語ってくれた。導入を試みる企業が最先端技術にたどり着きやすくするために、商工会議所や商工会、金融機関、税理士、中小企業診断士など中小企業の経営を普段から支援するさまざまな機関によって、最先端技術に関する情報を扱うセミナーやＩＴ人材とのマッチングといった事業が一層盛んに行われることが期待される。

最先端技術の活用情報が広く周知されることは、すでに最先端技術の導入を決めていたり導入を検討したりしている企業に有用なだけでなく、今は関心のない企業に利用を促す効果もあるだろう。前掲図－７のとおり、最先端技術のいずれかを「利用していないが利用したいとは思っている」企業に対し、利用できていない理由を複数回答で尋ねたところ、「導入や運用にかかる費用が高そう」（71・２％）および「どんな機能や使い方があるのかわからない」（49・２％）の両方の選択肢を挙げた企業は35・３％に上る。技術のことはよくわからないにもかかわらず大きなコストがかかりそうだと感じている企業が多いことからは、最先端技術に対して誤った先入観や過度な抵抗感をもっている様子がうかがえる。しかし、必ずしも高額な費用がかかるわけではないことは、本書で再三述べてきたとおりであり、実態が明らかになれば要らぬ先入観は取り除かれていくのではないだろうか。さまざまな導入目的や活用方法があることがわかれば、「利用していないし利用したいとも思わない」企業のうち、「自社のビジネスに必要ない」（69・3％）、「使いこなせると思えない」（37・4％）、「ニーズに合うものがない」（35・5％）と考える企業が減る可能性もあるだろう（複数回答、前掲図－8）。また、利用効果が広く知られるようになれば、資金調達の問題も改善するのではないか。今回取材した事例企業には自己資金だけで最先端技術を導入しているところが多かったが、外部から資金を調達しなければならない企業もたくさんあるはずである。他社のさまざまな利用実績を参考に、説得力ある事業計画を立てていけば、金融機関からの融資やベンチャーキャピタルからの出資なども受けやすくなると考えられる。

本書では、最先端技術の導入前にどういった検討や準備を企業が行い、どんな成果を得たのか、また導入や運用に当たって発生する問題にどのように対処したのかをつぶさに明らかにしてきたつもりである。最先端技術そのものや最先端技術を開発するベンチャー企業がメディアの話題に上ることはあっても、利用者側が取り上げられるケースはまだまだ少ない。本書の分析が、自らのビジネスモデルに最先端技術を生かそうとする小さな企業の一助になるのであれば幸いである。

第7章　小企業が最先端技術を活用する意義 ―第四次産業革命をビジネスチャンスに―

わが国の経済社会にとって、人手不足と低生産性は大きな問題となっている。人手不足の問題に対する認識は、小企業においても年々強まっている。第2章で紹介した、当研究所が行う「全国中小企業動向調査・小企業編」の結果をみると、新型コロナウイルス感染症の影響を強く受けている2020年の前半を除けば、経営上の問題点として「求人難」を挙げる企業の割合は中長期的に増加傾向にある。同調査が毎年7-9月期に調べている従業員過不足DI（従業員数が「不足である」「やや不足である」と回答した企業割合から「過剰である」「やや過剰である」と回答した企業割合を引いた値）も、2019年まで10年連続で上昇していた。

人手不足の影響も顕在化している。2019年の調査で従業員数が「不足である」「やや不足である」と答えた企業に人手不足の影響を尋ねたところ、複数回答で「人手が足りず、需要の増加に対応できない」の割合が44・4％と最も多く、次いで「人手を確保するために賃金を上げている」が40・６％、「人手が足りず、売上が減っている」が31・１％などの順となっている。人手不足にどう対応しようとしているのかを尋ねた結果は、同じく複数回答で「増員（パート・アルバイトを含む）」（52・２％）が最も多く、半数以上を占めている。

しかし、人口減少に伴い今後も人手不足は深刻化すると予想される。コロナ禍による経済活動の停滞が解消されるにつれ、小企業の人材確保は再び大きな困難を伴うことになるだろう。もともと小企業は、大企業と比べて賃金や福利厚生の水準が見劣りし、労働力市場において不利な立場に置かれている。労働集約的でありながら人手の確保が難しいという構造的なジレンマを抱えているわけだ。

生産性の低さも、小さな企業にとって非常に対処が難しい問題である。第２章で述べたとおり、生産量が増えるほど単位当たりの生産コストが下がるという規模の経済性が働きにくいためだ。企業の生産性に規模間格差が存在することは広く観察されている。当研究所はこれまでの研究のなかで、他社のまねできない独自のビジネスモデルで高い生産性をあげている企業を数々紹介してきた。しかし、それらは貴重な成功例であり、小企業全体の生産性が大企業に比べて低いことは、各種の統計からも否定できない。

人口減少は避け難い構造変化であり、規模の経済性は強固な経済理論である。これらは、小さな企業にとって不治の病のようにとらえられてきた。最近は経済の停滞と結びつけて、小企業の存在意義を疑問視する主張も散見される。しかし、第四次産業革命は、こうした状況を改善する糸口になり得るのではないだろうか。IoT、ロボット、AI、ビッグデータは、大量だったり高度だったりする処理をたちまち行うことができる。小企業にとっては、生産性の規模間格差を一気に解消できるチャンスとみることもできよう。逆に、マンパワーの量に頼ってきた大きな企業にとっては、最先端技術で効率化された工程の人材を別のところで活用できなければ、余計なコストを抱えることになる。そもそも人手の少ない小企業にとって、第四次産業革命による技術革新は有利に働くと考えることができるだろう。小所帯で柔軟な意思決定が可能な小企業ならば、技術の導入への舵も切りやすいはずだ。また、最先端技術の活用は、小企業としてビジネスの魅力を高める手段となるだけでなく、まったく新しい需要の創出に成功した㈱バカン（事例9）や他社が気づかなかった潜在的な需要を掘り起こした㈱サンエー（事例3）のように急成長の契機となる可能性もある。

他方、第四次産業革命はまだ緒に就いたばかりであり、今後大きな広がりをみせるだろう。その過程で競争による供給価格の低下が起こり、技術へのリテラシーを高める企業も増えていくに違いない。活用のハードルが下がり、最先端技術がコモディティー化していけば、最先端技術をビジネスに利用すること自体で差別化は図れなくなる。最先端技術が当たり前になったとき、今度は何が大切になるのだろうか。

例えば、将棋ＡＩの技術がさらに進歩、普及し、もはやどのＡＩにも人間ではかなわなくなったとする。それでも棋士はいなくならないだろう。自動車ができたからといって、われわれは人間の走力に興味をなくしたわけではなかったのと同じである。今でも陸上のトップアスリートの競技に熱狂するファンがいる。さらにいえば、自動車の登場によりカーレースが生まれ、自動車を乗りこなすレーサーのドライブテクニックが注目されるようになった。人は人のパフォーマンスに引かれ、技術の進歩が人のパフォーマンスの可能性をさらに広げる構図だ。取材を行った企業は、そのことをよく理解しているように感じた。事例企業は、創造力が必要な分野で人が一層能力を発揮できる仕組みをつくろうとしていた。従業員のことを、たんに作業をこなす人手としてではなく、クリエーティブな活動の担い手としてとらえている。生身の人間のパフォーマンスを大切にしたからこそ、人を力強くサポートする存在として最先端技術を求めたのである。同じ最先端技術をほかの企業が使えるようになっても、人の能力は簡単にはまねできないはずだ。ＩｏＴで体の動きをデータ化する㈱活劇座（事例5）では俳優の演技力が、また、顧客データを接客に活用する㈱ス・ミズーラ（事例6）

ではシェフの料理の腕やホールスタッフの接客能力が武器になっている。ＡＩで業務を効率化した㈱石引写真館（事例８）の根底にあるのは従業員の撮影技術であり、接客にロボットを使用する㈲松本商店（事例４）の事業は職人の伝統工芸技術がなければ成り立たない。各社では、最先端技術を導入した後も人が差別化のポイントであり続けている。最先端技術を活用したことで、顧客とのつながりがこれまで以上に強くなっている事例も多い。小企業の強みである属人的な事業スタイルに磨きをかけるツールとして、四つの技術が有効活用されたことの証左でもあろう。

最先端技術はさまざまな問題を解決するのに役立つ。企業経営のボトルネックである人手不足や低生産性の問題を容易に解決できるようになるとすれば、今後重要性を増すのは、問題解決能力よりも、むしろ問題発見能力のほうだろう。機械をどこにどう使うか、人は何に特化すべきかなどの問題を独自の視点で発見し、そこにうまく最先端技術を投入すれば、問題が解決するばかりでなく、企業の競争力が高まるという世界だ。問題を発見するためのユニークな物の見方や発想力に、マンパワーや資金量といった経営資源の多寡はさほど関係ないはずだ。むしろ小企業の個性をさらに際立たせることが、競争力の源泉になっていくだろう。最先端技術を駆使しながらも、人間らしさを存分に生かしたビジネスを行う小企業が数多く現れることを期待したい。

〈参考文献〉

岩本晃一（2018）『AIと日本の雇用』日本経済新聞出版社
岩本晃一・井上雄介編著（2017）『中小企業がIoTをやってみた 試行錯誤で獲得したIoTの導入ノウハウ』日刊工業新聞社
木本裕司・澤谷由里子・齋藤奈保・岩本晃一・田上悠太・井上雄介（2018）「日本の第4次産業革命におけるIT、IoT、ビッグデータ、AI等デジタル技術の普及動向」RIETI Policy Discussion Paper 18-P-019
経済産業省（2006）「ロボット政策研究会 報告書～RT革命が日本を飛躍させる～」
――――（2017）「新産業構造ビジョン」
シュワブ，クラウス（2016）『第四次産業革命―ダボス会議が予測する未来』世界経済フォーラム訳、日本経済新聞出版社
城田真琴（2012）『ビッグデータの衝撃』東洋経済新報社
新エネルギー・産業技術総合開発機構（2014）『NEDOロボット白書2014』
中小企業庁編（2018a）『2018年版 小規模企業白書』日経印刷
――――（2018b）『2018年版 中小企業白書』日経印刷

内閣府（２０１６）「日本再興戦略２０１６」
――――（２０１８）「未来投資戦略２０１８」
日本政策金融公庫総合研究所編（２０１１）『個性きらめく小企業』同友館
――――（２０２０）『選ばれる小さな企業』同友館
野村総合研究所（２０１７）「平成28年度 中小企業・小規模事業者の成長に向けた事業戦略等に関する調査に係る委託事業 事業報告書」
松尾豊（２０１５）『人工知能は人間を超えるか ディープラーニングの先にあるもの』ＫＡＤＯＫＡＷＡ
矢野誠（２０２０）「デジタル時代を支える市場と法」矢野誠編『第４次産業革命と日本経済 経済社会の変化と持続的成長』東京大学出版会、pp.２０３‐２２６
ロジャーズ，エベレット（２００７）『イノベーションの普及』三藤利雄訳、翔泳社

第Ⅱ部

事例編

日本政策金融公庫総合研究所
主任研究員　藤田　一郎
近藤かおり
研究員　笠原　千尋
山崎　敦史
尾形　苑子
篠崎　和也
秋山　文果
星田　佳祐
青木　遥

事例一覧

3	4	5
㈱サンエー	㈲松本商店	㈱活劇座
電気工事、太陽光発電設備の販売・設置工事、新築住宅の建設・販売	和ろうそくの製造販売	モーションアクト総合コンサルティングサービス、モーションアクター育成
1994年	1877年	1999年
2,100万円	300万円	650万円
60人	17人	6人
神奈川県横須賀市	兵庫県西宮市	愛知県名古屋市
○		○
	○	
	○	
IoT 住宅、無人モデルハウス		エンターテインメント分野への技術活用
	接客業務の効率化	
モデルハウス内の設備を遠隔操作	ファーストタッチと簡単な会話のみロボットが行う	
		3DCG による動きの再現
代表者が構想し、自社主導で共同開発	機械に関心のあった代表者が接客にロボットを導入することを発想	ゲーム会社からの演技の依頼をきっかけに事業を立案
電気自動車の機能をヒントに住宅向けに応用	事前に受け答えを複数通りインプット	動きに耐えるセンサーを要求
若者をターゲットに購買意欲を高めている		エンターテインメント分野の市場を開拓
無人モデルハウスのスキームを同業者へ販売		海外市場への進出、自動車メーカーや鉄道会社への貢献
	職人による実演、ロボットとの対話を楽しんでもらい満足度を高める	
従業員の待機時間削減	接客のための人材を採用する必要がなく、人件費削減	IoT により遠隔地からの撮影が可能、移動時間の削減
顧客との打ち合わせや人材育成		
非接触で営業	ロボットが接客	オンラインによる打ち合わせ

事例一覧

事例番号			1	2
企業名			㈱ジゴワッツ	クラブコング㈱
事業内容			電気自動車用普通充電器・カーシェアリング用スマートロックの製造、喫茶店	スポーツジム、トレーニングマシンの開発
創業年			2014年	1996年
資本金			8,649万円	4,685万円
従業者数			8人	14人
所在地			東京都中央区	京都府長岡京市
最先端技術		IoT		○
		ロボット	○	
		AI		
		ビッグデータ	○	○
導入目的		新規事業の創出	喫茶店開店	新型トレーニングマシン開発
		既存事業の高付加価値化		
		既存事業の効率化		
代替の状況		人と同様の作業を機械が代替		
		人の能力を超えるレベルで代替	豆挽きやドリップなどをロボットが担い、品質安定	
		機械にしかできないやり方で代替		マシンの利用履歴を細かく管理
導入プロセス	背景	自力型	ロボットを自作	独自のトレーニング理論に基づきマシンを製作
		助力型		
	技術のカスタマイズ		目標とする喫茶店の味を再現	競輪選手としての経験を活用
	業務プロセスの変更			
成果	マーケティング	需要の創造	新規事業による多角化	(医療関係者と連携しビッグデータを活用予定)
		周辺市場への進出	(ロボット販売、FC展開の予定)	介護施設が顧客に
		既存顧客の深耕		マシンの質が向上し顧客満足度アップ
	組織運営	時間、労力、コストの削減	非熟練でも一人でも営業可能	データを自動で蓄積
		空いたリソースの再分配	本業のEV関連事業と兼業可	
	新型コロナウイルス感染症拡大への対応		ほぼ非接触で営業	自社のジム以外でもサービス提供が可能に

事例一覧

8	9	10
㈱石引写真館	㈱バカン	㈱ニューマインド
写真館、卒業アルバム制作	空き情報配信サービスの提供	食品用プリンター、 可食インクの開発・販売
1953年	2016年	2012年
1,000万円	非公開	5,000万円
11人	73人	10人
茨城県取手市	東京都千代田区	東京都中央区
	○	○
		(○)
○	○	(○)
	空き情報配信サービスの創出	
		保守サービスの収益化
写真選びの負担軽減		
AIが生徒の特定、笑顔の 度合いによる写真選定		稼働状況の現地確認
	種類や規模にかかわらず 施設の空き情報を即時判定	
		体感ではなく計測で 稼働状況を把握
	代表者自身の休日の体験 からサービスを思いつく	自社で遠隔監視システムの 導入を発想
マッチング事業で出合った IT企業からAI導入の提案		
ITに強い中小企業診断士にも 相談し、機能を絞り込む	デバイスは既製品と自社開発品 を状況に応じて選択	市販のクラウドサービスを カスタマイズ
		運用支援の開始
	まったく新しい空き情報配信 サービスで市場を創造	
(AIシステムのライセンス 販売を予定)		
スタジオ撮影強化による 収益力アップ		リアルタイムの見守りで 顧客満足度アップ
写真選定作業減		出張コスト減
スタジオ撮影強化や人材育成	サービス開発、サービスの質 の向上に人材を集中	
在宅勤務態勢整備	混雑緩和、密の回避	接触回数減

事例一覧

事例番号			6	7
企業名			㈱ス・ミズーラ	㈱アイロック
事業内容			イタリア料理店	自動車部品・ドライビングシミュレーターの製造販売
創業年			1996年	2004年
資本金			300万円	300万円
従業者数			5人	16人
所在地			東京都杉並区	愛知県名古屋市
最先端技術		IoT		○
		ロボット		
		AI		
		ビッグデータ	○	○
導入目的		新規事業の創出		ドライビングシミュレーターの開発
		既存事業の高付加価値化	顧客の注文履歴等をクラウドで管理	
		既存事業の効率化		
代替の状況		人と同様の作業を機械が代替		
		人の能力を超えるレベルで代替	2,000件の顧客データを接客、メニュー提案などに活用	
		機械にしかできないやり方で代替		VRを活用しリアルな運転感覚を再現
導入プロセス	背景	自力型		レーサーである代表者が練習目的で開発に着手
		助力型	金融機関紹介の専門家の協力で開発	
	技術のカスタマイズ		入力項目をリクエストしカスタマイズ	実車のデータとシミュレーターのデータを双方向で活用
	業務プロセスの変更		管理方法を紙から表計算ソフト、さらにクラウドへ	
成果	マーケティング	需要の創造		車のある社会の安全を守るため活用
		周辺市場への進出		
		既存顧客の深耕	顧客満足度向上により常連客の数と客単価を増やす	
	組織運営	時間、労力、コストの削減	顧客データ検索、情報共有を効率化	IoTで遠隔対応が可能
		空いたリソースの再分配	新レシピ開発、物販事業、地域活動	
	新型コロナウイルス感染症拡大への対応		常連客の支えで売り上げを早急に回復	遠隔地にいながら走行データをリアルタイムで共有

事例1 ロボット、ビッグデータ

ロボットで喫茶店経営の可能性を広げる

㈱ジゴワッツ

代表取締役 柴田《しばた》 知輝《ともき》

◆ 企業概要

代 表 者：柴田 知輝
創　　業：2014年
資 本 金：86,499,899円
従業者数：８人（うち、アルバイト３人）
事業内容：電気自動車用普通充電器・カーシェアリング用スマートロックの製造、喫茶店
所 在 地：東京都中央区日本橋馬喰町2-3-3
電話番号：03（4582）2015
U R L：https://jigowatts.jp

映画「バック・トゥ・ザ・フューチャー」に登場する自動車型のタイムマシン「デロリアン」の動力源はジゴワットを単位とする電力である。柴田知輝さんはこの映画にあやかって㈱ジゴワッツを立ち上げ、自動車関連の製品を相次いで世に送り出している。さらには、ドライブ先で大好きなコーヒーを楽しみたいという夢を実現するために2018年、本社ビルの１階に喫茶店「ROBOTS,COFFEE」を開いた。

夢の延長線上にあった喫茶店経営

――事業内容が大きく三つあるとうかがいました。一つずつ教えてください。

創業時から取り組んでいるのが、電気自動車用の充電器の開発です。当社が現在開発している「Ｅｌｌａ」は、公共施設やお店など不特定多数の方が利用する充電スポットでの使用を想定した充電器です。ケーブルを電気自動車につなぎ、スマホで使う人を認証してから充電が始まる仕組みになっています。利用者はスマホの画面でどれくらい充電するかを決め、代金を決済します。電力の提供者は利用者を特定できるので、不正利用を防げます。

これまでの充電スポットの多くは専用のＩＣカードで認証したり決済したりする大きなシステムが必要でした。Ｅｌｌａはスマホにアプリを入れるだけで使えます。手軽さが受けて、導入事例が増えています。

わたしは幼い頃から機械いじりと自動車が大好きでした。学生の頃に電気自動車を見たときは、未来の乗り物がやってきたと興奮しました。乗り物の楽しさと環境性能を兼ね備えていたからです。ただ、当時の走行距離はフル充電でも１６０キロメートルほどでしたから、電気自動車が世の中に普及していくには、充電できる場所がたくさん必要だと思いました。ビジネスチャンスになると感じたわたしは、アプリによる認証・課金機能をつけた充電器をつくりました。Ｅｌｌａのプロトタイプです。慶應義塾大学総合政策学部に通っていたときにこのアイデアでビジネスプランコンテストに挑戦したところ、最終選考まで駒を進めることができました。その後、京都大学大学院情報学研究科で電力について学び、大手メーカーの機械エンジニアとして就職したのですが、あのときの挑戦が、後に会社を起こすきっかけになりました。

これまで、自治体や大手総合商社と協力してＥｌｌａを利用した充電サービスの実証実験も行ってきました。手軽さが広く伝わり、電気自動車の普及につながればうれしいです。

――充電器の次に取り組んだ事業がスマートロックですね。

カーシェアリングで車を借りると、利用者がスマホで鍵を開けたり閉めたりします。従来の仕組みですと、事業者は鍵の識別情報を蓄積したサーバーと、サーバーから発信された電波を直接受信する端末を用意し、車に搭載しておく必要がありました。自動車1台につき携帯電話1台を用意するのと同じですから、端末代に加えて通信費、つまりランニングコストがかかります。当社が開発したスマートロックは、事業者のサーバーの情報をカーシェアリング利用者のスマホに飛ばし、そこからブルートゥース通信で車内の端末に送ることで鍵の開閉を行います。車にセルラー回線を用意する必要がないので、通信費がかかりません。また、電波による遠隔操作ができないぶん、セキュリティー面も安心です。コストパフォーマンスと使い勝手の良さが評判となって、こちらも導入事例が増えています。

電気自動車もカーシェアリングも、市場が拡大している分野です。こうしたなか、わたしの念願がかなって始めたのが喫茶店です。三つ目の事業ですね。2018年、JR秋葉原駅からも近い、馬喰町にある当社ビルの1階に「ROBOTS.COFFEE」をオープンしました。コーヒーは1杯410円で、注文を受けてから豆を挽きドリッパーで淹れます。カフェラテなども用意しています。また、手づくりのラザニアやケーキといった軽食・デザート類を300〜500円で提供しています。オフィス街にあること、最近は新型コロナ

店舗外観

ウイルス感染症の影響があることから、お客さまの多くはテイクアウト利用ですが、20坪程度の店内には従業員が1人いるだけですし、座席は間隔に余裕をもたせて配置していますので、思い思いのひとときを過ごしていただくことができます。

――自動車関連ビジネスと喫茶店経営を両立しているわけですが、事業内容は大きくかけ離れていますよね。

自動車関連の商談の場で、当社が喫茶店を営んでいることをお話しすると、皆さんびっくりします。インパクトは相当のようで、すぐに当社のことを覚えてもらえるのでありがたいのですが、知名度のためにやっているわけではありません。わたしは自動車と同じくらいコーヒーが好きで、いつか喫茶店経営にチャレンジしたいと考えていました。

わたしにとって、ドライブの途中で飲むコーヒーは格別です。一息つくことで運転の緊張感から解放される瞬間がたまりません。頭も冴えるので一石二鳥です。行き先を決めずに車で走り、ふと立ち寄った先でおいしいコーヒーを飲むのが、週末ドライブのお決まりです。コーヒーは、車のある生活を楽しむという夢を実現するために欠かせない要素なのです。

人が人をもてなす飲食業は難しい仕事だと思いますが、畑違いの業界でエンジニアである自分の腕が通用するのかに興味がありましたし、うまくいけば理系出身者が運営する喫茶店ということで差別化の要素にもなるはずです。こうした野望をひそかに抱いていたわけですが、２０１５年、ドライブで千葉県鴨川市に出かけたときに出会ったコーヒー店の店主のおかげで、夢は実現に向かって一気に加速することになったのです。

――ドラマチックですね。どのような出会いがあったのでしょうか。

そのお店では、店主が毎日コーヒー豆を焙煎し、注文のたびに豆を挽き、湯を沸かし、１杯ずつハンドドリップで淹れてくれます。ハンドドリップとは、フィルターをセットしたドリッパーにコーヒーの粉を入れ、そこに少しずつ湯を注いでコーヒーを抽出する方法です。手間と時間がかかるわけですが、その間、店主はコーヒーに関する知識をたくさん披露してくれます。そこでわたしは、酸味と苦味がコーヒーの味わいを決める重要なポイントだと教わりました。これらは「豆の品種」だけでなく、「焙煎の加減」「豆の挽き具合」「ドリッパーの種類」「湯の温度」「注ぐスピード」によって変わることも知りました。例えば、速いスピードで抽出すると苦味は和らぎます。店主は客の好みに応じてこれらの要素を巧みに操って、味わいを変化させていたのです。実際、お店ではコーヒーを飲み比べさせてくれました。道具の扱い方や注ぎ方で味が大きく変わることに衝撃を受けました。改めてコーヒーの奥深さを実感するとともに、これらの要素を手加減一つでコントロールする店主の腕に感動しました。

その一方で、豆の品種を含む六つの要素がコーヒーの味を決めるのだとしたら、これらを機械的に制御すれば、好みの味を再現できるのではないかとも思いました。例えば「豆の挽き具合」以外の要素を同じ条件にしておき、少しずつ豆の挽き具合を変えながらコーヒーを淹れ、酸味や苦味の強さを数値化できる味覚センサーを使って味の変化を記録します。すると、挽き具合を1段階変えると苦味や酸味がどれくらい変わるかがわかります。それぞれの要素について同じようにデータを集めれば、味わいへの影響度合いを統計的に計算できます。後は各要素をコントロールするプログラムに従って動くロボットをつくればよいわけです。

会社に戻ると、さっそく当社のプログラマーとアイデアを

シンプルな内装の店内

共有しました。理屈上は「いける」という結論になったので、コーヒーマシンならぬコーヒーロボットを開発することにしたのです。コーヒーを繰り返し淹れる作業はまるで理科の実験みたいで、楽しかったです。

取捨選択で未来を描く

——鴨川での出会いは２０１５年、お店のオープンは２０１８年です。完成まではさまざまな苦労があったのでしょうね。

まったく問題がなかったというわけではありませんが、苦労したと感じたことは一度もありません。時間がかかったのは、充電器やスマートロックの開発を優先させていたからです。電気自動車やカーシェアリングの市場は動きが速く、常に最新の動向を把握して手を打っていく必要があります。他方、喫茶店は成熟産業で、それほど動きが速いわけではないので、無理に開発を急ぐ必要はないと判断しました。一部の飲食店やホテルなどでロボットを活用する先端事例も出始めていましたが、当社が思い描く設計とは異なっていたというのもあります。ロボットの設計やプログラミングなどはすべて自社開発です。実際の開発期間は半年程度でした。

――先端事例というと、人型のロボットが調理したり接客したりするのをイメージするのですが、御社が開発したロボットは違うのですか。

ロボットというと、わたしたちはなぜか人型をイメージしますが、必ずしも人型である必要はありません。大切なのはロボットを活用することで目的を達成できるかどうかです。

半年で完成できた理由は二つあります。一つ目は、ロボットの設計を考える前に喫茶店でのオペレーションをすべて洗い出し、ロボットが担う機能を、コーヒーを淹れることに絞り込んだからです。注文から調理、配膳、会計などすべての工程を機械化しようとすると時間がかかります。開発の途中で、設計段階では検討していなかった機能を盛り込もうと欲張ってしまうのも禁物です。エンジニアは開発にのめり込むとさまざまなアイデアを思いつきます。いったん火がつくと、あれもこれもとなってしまいがちです。すると、何のために開発を始めたのか、当初の目的を忘れてしまう。わたしがつくりたいのは鴨川で味わったコーヒー店主の腕前を再現するロボットです。人型である必要はありませんし、人の来店を識別するためのカメラや、接客するための会話機能なども不要です。大手メーカーのように研究開発に割けるだけの経営資源があるなら、こうした付加機能を盛りだくさんにするのもありなのでしょうが、当社にはその余裕はありません。逆にいえば、経営資源の制約が幸いしてロボットに求める機能が明確になり、開発がスムーズに進んだのです。

わたしは創業する前に、あるメーカーでエンジニアとして電気回路の設計を担当していました。その会社には設計を重視する社風があり、設計当初の思想が製品の完成度を左右することを叩き込まれました。そのときの経験が生きたわけです。

二つ目は、当社の開発態勢です。当社では、わたしがハードウエアの設計と組み立てを担当し、３人の役員がソフトウエアの設計とプログラミングを担当しています。従業員は皆、学生時代からの知人です。彼らは誰もが憧れる大手ＩＴ企業でプログラマーとして働いており、当社入社と同時にそれぞれが自分の会社をつくり、新事業を立ち上げるほどの実力の持ち主です。彼らが当社に入ってくれたのは、ハードとソフトを融合した事業ができるからです。近年勢いのある新興企業には、ソフトウエアに関する技術に強い人材がたくさんいます。ですが、当社のようにハードウエアの技術に強い人材を抱える企業は多くありません。また、一つのプロジェクトハードウエアの技術はソフトウエアほどの汎用性がありません。また、一つのプロジェクトが完了するまでにお金も時間もかかります。腕を磨くために一つの企業に長く在籍することになりがちです。つまり、ハードウエアのエンジニアはソフトウエアのエンジニアに比べて、独立したり転職したりするケースが少ないのです。ハードウエアのエンジニアの不足が、テクノロジーを活用したアイデア実現のボトルネックになっているわけです。

外部の力を借りると、そのぶん開発に時間がかかります。当社はハード・ソフト両方に精通した人材がいるので、それぞれがアイデアをぶつけ合い、実現に向けてスピーディーに動くことができるのです。

――ロボットに担わせる機能の選別についてもう少し具体的に教えていただけますか。

注文から提供までのプロセスを簡単に整理すると、注文を受けて代金を受け取る、豆を挽く、ドリッパーにペーパーフィルターをセットする、挽いた豆をドリッパーに入れる、湯を沸かしてドリッパーに注ぐ、ポットに落ちてきたコーヒーをカップに注ぐ、そしてお客さまに提供するという順になります。このうち、注文と代金の受け取りはロボットとは独立したPOSレジシステムを開発し、キャッシュレス決済を実現しています。店では現金が使えません。

ロボットが担当するのは、豆を挽くことと湯をドリッパーに注ぐことです。残りは従業員の手作業です。技術的にはすべての工程を自動化することが可能とはいえ、自動化のメリットは少ないのです。

例えば、ペーパーフィルターの端を折り返して円錐状に広げてドリッパーにセットする作業は人間ならあっという間にできますが、これを機械でやるとなると、相当複雑な動き方をするロボットをつくらなければなりません。ペーパーフィルターやドリッパーは人間の手で使うことを前提にデザインされている道具だからです。ロボットに担わせるとなると、これらのデザインを見直すことから始めなければなりません。ましてや、フィルターをセットすることは人間がやっても機械がやっても品質に差が出ません。このような工程を機械化するメリットは見出しにくいわけです。

ロボットらしくないコーヒーロボット

他方、豆を挽く作業を人間がやるとなると時間を測ったり香りを感じたりしながら行うことになるので、人によって出来にムラが生じますし、同じ人でもその日の体調や気分で品質に差が生じやすくなります。湯を沸かしドリッパーに注ぐ作業も同様です。手元が狂って注ぐスピードを間違える可能性だってあります。このような工程に限って機械化を進めたのです。何より、従業員が誰もいない喫茶店でコーヒーを飲むのは、不気味な感覚がしませんか。

うれしかった一言

――ロボットの完成度はどのように評価したのですか。

完成したロボットを持って、わたしは再び鴨川のコーヒー店を訪ねました。3年ぶりの訪問だったので店主はわたしのことを覚えているわけがなく、突然の出来事にびっくりしていました。あのときの感動がきっかけでコーヒーロボットづくりに取り組んだことを話し、味を評価してもらいたいとお願いしたところ、快く引き受けてくれました。真剣なまなざしでロボットを見つめるマスターの前でコーヒーを淹れるのは緊張しました。そして飲んで一言、「こんなことがロボットでできるのですね」と褒めてくれました。このときはうれしかったですね。エンジニアとしての自分を評価してもらえたような気がしたからです。

ここからは開店に向けてラストスパートです。当社の1階部分を改装してキッチンとホールをつくり、アルバイトスタッフを雇いオペレーションの手順を何度もシミュレーションしました。開店当初から従業員1人で店を切り盛りする、いわゆるワンオペレーションを想定して準備を進めました。この間、師匠である鴨川の店主にもサポートしていただきました。

開店後は、ロボットのいる喫茶店としてネット上で話題になりました。ただ、ロボットの動く様子を目当てに来店するお客さまは少数です。近所の方の普段使いが圧倒的に多いです。ロボットがコーヒーを淹れていることを知らない人がほとんどかもしれません。街の喫茶店として認知していただくことができたと思っています。

――これからの展望を教えてください。

現在、豆ごとにお勧めの設定にしてコーヒーを提供していますが、ゆくゆくはお客さまが好みの味を選べるようにしたいと考えています。スマホのアプリに好みの味をいくつか登録しておき、スマホをロボットにかざすだけでおいしい1杯が淹れられるようにしたいですね。

自動車関連の事業とのバランスを考えながらになりますが、フランチャイズ化やロボットの販売を通じて事業を育てていきたいと考えています。喫茶店を新たに始めたい人、すでに経営している喫茶店の運営方法を変えたい人などを巻き込みながら「ROBOTS' COFFEE」を全国に広げていきたいです。飲食業界はもちろんのこと、ほかの業界にも新たな価値を提供できると考えています。当社のロボットを使えば、コーヒーにそれほど詳しくなくても本格的な1杯を淹れることができるからです。例えば洋服店の一角にロボットを置いておけば、自分好みのコーヒーを飲みながら服選びを楽しむ、といった買い物の時間を演出できるようになります。観光地のお土産店にロボットを置いてもらうのもよいですね。

完全無人化の喫茶店を目指すことは考えていません。人と人とがコーヒーを通じてつながれる場を提供していきたいと考えています。

取材メモ

ロボットがコーヒーを淹れる様子を目の前で見せてもらった。味わいは本格的なのだが、驚きは感じなかった。街中によくある喫茶店と同じように従業員がいて、「いらっしゃいませ」「おいしかった」「ありがとうございました」といった人と人のやりとりがあったからだろう。ロボットの存在を感じさせないほど、仕事の役割分担が自然に行われている。

柴田社長の話で印象に残った点が三つある。一つ目は、人間にとって何ということもない動作が、ロボットにはとても難しいということだ。世の中にある多くのものは人間が使うことを前提にしているから、そこに無理やりロボットを介在させても必ずしも効率アップにはつながらない。人の役割をロボットで完全に代替するのではなく、役割分担できないかどうかを考えることが、ロボット導入の第一歩といえそうだ。

二つ目は、ハードウエアに関する技術をもつエンジニアの存在がロボット導入のポイントになるとの指摘だ。開発の初期段階に当たる機械の設計や電気回路の構築、金属加工など、地味で目立たない技術の積み重ねがテクノロジーの進化を支えていると柴田社長はいう。最新のテクノロジーは既存の技術の延長線上にある。小企業にとって第四次産業革命はけっして遠い世界の話ではない。身近な出来事としてこれらの技術をとらえれば、柴田社長のように事業の幅を広げることができるかもしれない。

三つ目は、アイデアを実現するために、コーヒーの味を1杯ずつ検証して独自のデータセットをつくった点だ。しかも統計的な分析が可能なデータ量を確保している。柴田社長は楽しかったと振り返るが、時間と手間のかかる作業であったに違いない。こうして集めたデータは、決済データや携帯電話の位置情報などには及ばないとはいえ、「ROBOTS.COFFEE」のビジネスモデルを根幹から支えるビッグデータとして機能している。

（藤田　一郎）

事例 2 IoT、ビッグデータ

確かな指導とIoTマシンで健康に寄り添う

クラブコング㈱

代表取締役 松本《まつもと》 整《ひとし》

◆ 企業概要

代 表 者：松本 整

創　　業：1996年

資 本 金：4,685万円

従業者数：14人（うち、アルバイト10人）

事業内容：スポーツジム、トレーニングマシンの開発

所 在 地：京都府長岡京市今里北ノ町12-3

電話番号：075（952）2282

U R L：https://clubkong.com

1996年、競輪選手の松本整さんがスポーツジム「クラブコング」を立ち上げた。ジムには地元住民はもちろんのこと、競輪や競艇、スケートなどで活躍する全国のトップアスリートたちが、松本さんの指導を目当てにやってくる。松本さんは2004年に現役を引退した後も、企業や大学の研究者と協力してトレーニング理論の完成度を高め、2019年に独自のトレーニングマシンを完成させた。IoTやビッグデータなど最新テクノロジーを盛り込んだパワーチェンジトレーニング（PCT）マシンは、業界を超えて広がっている。

トップアスリートも信頼を寄せるスポーツジム

――松本さんは競輪界の鉄人と呼ばれていたとうかがっています。まずは経歴を教えていただけますか。

京都府内の高校を卒業した後、競輪選手を育成する日本競輪学校に入りました。レースにデビューしたのは1980年4月、20歳のときです。以来、2004年に現役を引退するまで1804レースに参戦し、415勝しました。

鉄人と呼ばれるようになったのは、40歳を過ぎてからもタイトルを争うトップクラスであり続けられたからでしょう。2002年、43歳のときに出場した寛仁親王杯では36年ぶりにG1レースの最高齢優勝記録を塗り替え、引退試合となった2004年の高松宮記念杯でも勝つことができました。45歳でG1レースを制覇したというこの記録は、2020年末時点でまだ破られていません。

振り返ってみると、40歳を境に選手としてもう一回り成長できたように感じます。その原動力は大きく二つあると考えています。一つは身近に目標となる選手がいたことです。わたしの4歳年上に、世界選手権で10連覇を成し遂げた中野浩一選手がいます。競輪のことはあまり知らないけれど中野選手の名前なら知っているという方は多いのではないでしょうか。中野さんとは私が20歳代後半から、いつも一緒に合宿し寝起きを共にしていました。

そのなかで何が彼を世界でトップとしている要素・要因なのか。天才と呼ばれる選手たるゆえんを解析し、自分のものにすることで、そのレベルに近づき、自分の能力を究極まで突き詰めたいという気持ちが日々のモチベーションになっていました。

もう一つの原動力は、目標の実現に当たり徹底して科学的アプローチを採用したことです。自転車のスピードを上げるにはパワーをいかに自転車に伝えるかがポイントです。パワーを増やすために筋力トレーニングに励むわけですが、これだけではスピードは上がりません。パワーを効率的に自転車に伝える視点が必要です。加齢とともに筋力が衰えていくなか、効率性を高めるにはどうするべきか。この問題を感覚で解決するのではなく、科学的アプローチを採ったことが結果的に現役生活を長くすることになり、今の事業にもつながっています。

――一環でつくったのがこちらのジム、クラブコングですね。

自分自身の選手生活の拠点として、わたしと同じようなアスリートが鍛錬する場として、

1996年にこの施設をつくりました。成長につながると思ったトレーニングマシンはなるべく取り寄せるようにしました。

2004年に現役を引退した後、ジムの事業を本格的に展開するためにクラブコング㈱を立ち上げました。アスリートだけでなく、一般の方々にもわたしの現役時代の経験を伝えていくことで、若い方からお年寄りまで楽しく健康な体をつくれる場を提供することを目指しています。

——ジムの設備について教えていただけますか。

施設は地下1階、地上3階の4層となっています。地下は駐車場、1階はトレーニングエリアで、ランニングマシンやエアロバイクなど有酸素運動のマシン、全身の各部位に適合する各種筋力トレーニングマシンを配置しています。2階はスタジオエリアです。エアロビク

クラブコングの外観

スやヨガなどのレッスンのほか、近隣に住む高齢者を対象にした体操教室などを開催しています。3階はリラクゼーションエリアです。バスルームはガラス天井になっており、開放感があると評判です。

わたしはトレーニングエリアを見渡せる1階の受付で仕事していることが多いので、来店した方と言葉を交わすことを心がけています。マシンの使い方を指導したり、汗をかいている人を応援したりします。わたしを含めスタッフは400人を超える会員の皆さんの顔と名前を覚えていますし、常にエリア内を巡回していますので、パーソナルトレーニングに近いサポートが可能です。皆さんが生き生きと体を動かす様子を見るのも楽しみの一つです。

多くのジムと同じように会員制を採っており、営業時間中いつでも利用できるプランの料金は1カ月当たり税込1万780円です。一般的なジムとほとんど変わらない料金設定だと思います。50歳代の会員が一番多いのですが、最近は60～70歳代の方、特に女性の会員が増えてきています。多くのジムが同じ傾向だと思いますが、高齢化社会の進展、そして健康に対する意識の高まりを感じます。

クラブコング会員の特徴を一つ挙げるとすれば、遠方に住む会員の比率が高いことでしょうか。約9割の会員は長岡京市をはじめ京都府内にお住まいの方々ですが、残りの1割は府外に住む方々です。競輪や競艇、あるいはスキーやスケートといった世界で競技選手として本格的に活動しているアスリートや、未来のトップアスリートを目指す子どもたちです。専属コーチと帯同で当ジムに遠征、合宿する選手もいます。わたしたちは選手のコンディションを見極めたうえで、最適なトレーニングメニューを提案します。ただ、2020年は新型コロナウイルス感染症の影響で、選手たちは当ジムに来られなくなってしまいました。残念な限りです。

――コロナ禍の初期にはスポーツジムが起点とされる感染事案も大きく報道されていました。業界全体に相当な影響があったと思います。

まさに開業以来の大ピンチでした。緊急事態宣言が全国に広がった2020年4月には、当ジムも要請に従い営業を停止しました。宣言が解除された後に営業を再開しましたが、一部の会員は退会してしまいました。残ってくれた会員の来店頻度も下がる一方で、来店者数は7割減になりました。経営を立て直せなくなるんじゃないかと本気で悩みましたが、できることをやるしかありません。感染防止対策を徹底することにし、店舗の入口に検温装置を設置したり、消毒液を各所に配置したりしました。会員の皆さんもマスクをして運動したり、使い終わったマシンを丁寧に消毒したりするなど、感染防止対策に協力してくれていま す。自分だけでなく、皆が気持ち良く成長するためのジムなのだという意識が一層高まった と感じます。おかげさまでジムの雰囲気は今まで以上に良くなったと確信しています。

また、2020年の夏には換気システムを一新する設備投資を行い、数十分間で建物全体の空気が入れ替わるようにしました。最新式の空気清浄機も複数台導入し、フル稼働させています。わたし自身もトレーニングをしますので、どのような対策をすれば安心して運動できるかを常に考え、できることは迅速にやるように心がけています。こうした取り組みの結果、秋口はいったん退会した方を含め客足が戻ってきました。新規入会も少しずつ増えてきていま す。後で聞いてわかったことですが、ほかのジムに比べると立ち直りのペースは速かったようです。会員の皆さまには感謝しかありません。

クラブコングにとって、新型コロナ対策は顧客サー

各所に間仕切りを設置

ビスとして当たり前のことにすぎません。ただ、わたしは防戦一方ではこの難局を乗り越えられない、今こそ先を見据えた、思い切った攻めの経営が肝心だと思い、かねてより進めていた新事業にさらに力を注いでいくことにしました。

新時代のトレーニングマシン

――「パワーチェンジトレーニング」マシンのことですね。

最初にお話ししたように、現役時代にこのジムを立ち上げたときから効率的なトレーニング方法を研究し続けてきました。その完成形といえるのが、わたし自身がつくり上げたパワーチェンジトレーニングです。頭文字をとってＰＣＴと呼んでいます。

ＰＣＴについて説明させてください。例えばドアを開けるときはドアを押したり引いたりする、つまりドアにパワーを加えますよね。このときドアに伝わるパワーは筋力だけで決まりません。同じ筋力でも「ぐっ」と押せば速く開きますし、「ぐーっ」と押せばゆっくり開きます。ドアに伝わるパワーは筋力とそれを動かす速さで決まるわけです。どんなに筋力があっても、スピードをコントロールできなければパワーは伝わらないのです。トレーニングやスポーツにはそれぞれ特有の動作があり、これを「特異性の原理」といいます。トレーニングの世界では研究が遅れていましたが、動作の速さを考慮した独自のトレーニング法を編み出せれば、特異性の原理に対応したメニューをつくれます。わたしはこれに挑戦したのです。

実際にＰＣＴの研究に取り組むきっかけになったデータを紹介しましょう。現役時代に研究活動の一環として、わたしが全力で自転車のペダルを漕《こ》いだときにクランクに与えるパワーの大きさを計測してみました。すると、50パーセント以上が失われているとわかりました。全力で漕いでもその半分しか自転車に伝わっていないということです。なぜかというと、ペダルは円を描くように動きますが、人間の足は上下にしか動かないからです。ペダルが地面に一番近いところで足を踏み込んでも、パワーはほとんど推進力とはなりません。ここからいえるのは、ただ全力でペダルを漕ぎ続けても実はパワーは最大化しないということです。逆にいえば常に全力である必要はなく、適切なタイミングと方向を考えて全力を出せばよい。これを意識して鍛えれば体力の温存にもつながります。

ここまでわかれば、筋力トレーニングの方法が変わってきます。筋肉の繊維には、大きな力を出せるが力を出せる時間が短い速筋繊維と小さな力しか出せないが長く力を出し続けられる遅筋繊維があります。ＰＣＴでは速筋繊維を鍛えることを重視します。筋力トレーニングというと、大きな負荷をじっくりかけていくイメージがありますが、ＰＣＴでは必ずしもこうある必要はありません。むしろ筋肉の瞬発性に働きかけるようなトレーニングでは、大きすぎる負荷は好ましくないわけです。負荷が大きくないということは、筋肉量が少ない人にも取り組みやすく続けやすいトレーニングといえます。

――こうした理論的な土台があるからこそトレーニングマシンの開発につながるのですね。PCTの有効性の検証は大変だったのではないでしょうか。

わたしは現役のときからさまざまな方にサポートしてもらってきましたが、そのなかに順天堂大学の医師がいました。そのご縁でスポーツ医学の研究者と知り合い、わたしも協力研究員として順大に籍を置くことになりました。学会で発表したり論文を書き進めたりするなかで、ＰＣＴの有効性を検証するためのデータを集め統計的に分析する手法を学びました。数百件に上る検証データは、後にＰＣＴマシンの負荷設定を検討するうえでも役立ちました。

長年の研究からわかってきたことの一つに、血圧や関節に負担をかけずにトレーニングの効果を得られることがあります。これなら高齢者でも安心です。ＰＣＴを実践できるトレーニングマシンがあれば高齢者の健康志向に応えることができると考え、開発に取り組むことにしました。開発に当たっては介護用ベッドや車いすなどをつくるメーカーと手を組みました。高齢者をターゲットにするなら介護施設に置いてもらうのが得策と考え、介護市場の動向に詳しい企業にアプローチしたのです。先方からは、業界に新風を吹き込む製品を開発できると、快く引き受けてくれました。

ほかのマシンとの違いはたくさんあるのですが、一つ挙げるとモーターを使って負荷をデジタル制御しています。従来のマシンは重りや油圧、つまりアナログ制御で負荷をコントロールしているのですが、それぞれデメリットがあります。重りの場合、静止しているものを動かすので、動作の初期に大きな力を必要とし、循環器や関節に負担がかかります。油圧は圧力が次第に上がる仕組みなので、終盤の負荷が大きくなり筋の緊張時間が長くなり血圧の上昇が起こりやすくなります。動作前後の大きな負担を避けるために負荷を小さくした場合は、トレーニングの効果も小さくなってしまうわけです。電動モーターでデジタル制御すればこの問題を解決できます。動作中に負荷を変えることもできるので、特異性の原理に対応した、トレーニングのオーダーメードも可能です。

2019年に、腕や胸を鍛える「Dips」、上半身強化と姿勢改善を目指す「Seated

chest」、下肢を鍛える「Legpress」、脚とつま先を上げる筋を鍛えることで転倒しにくい体を目指す「MPM」の4機種をリリースしました。これまでに近畿と関東を中心に10カ所を超える介護施設に納入し、延べ500人以上の方に利用してもらっています。

――IoT機器であることも大きな特徴です。

インターネットにつながるようにすることで得られるメリットが多いからです。一つ目は先ほどお話ししたように、利用者に合わせてマシンの設定を自動的に変えられることです。身長や体重、運動履歴などをマシンに入力すると、サーバーにこれらの情報が送信され、適切な負荷をマシンに設定します。現在は2次元バーコードで利用者の情報を管理しており、いつもと違う場所にあるマシンを使っても同じコンディションでトレーニング環境に入れます。遠隔操作でも調整できます。

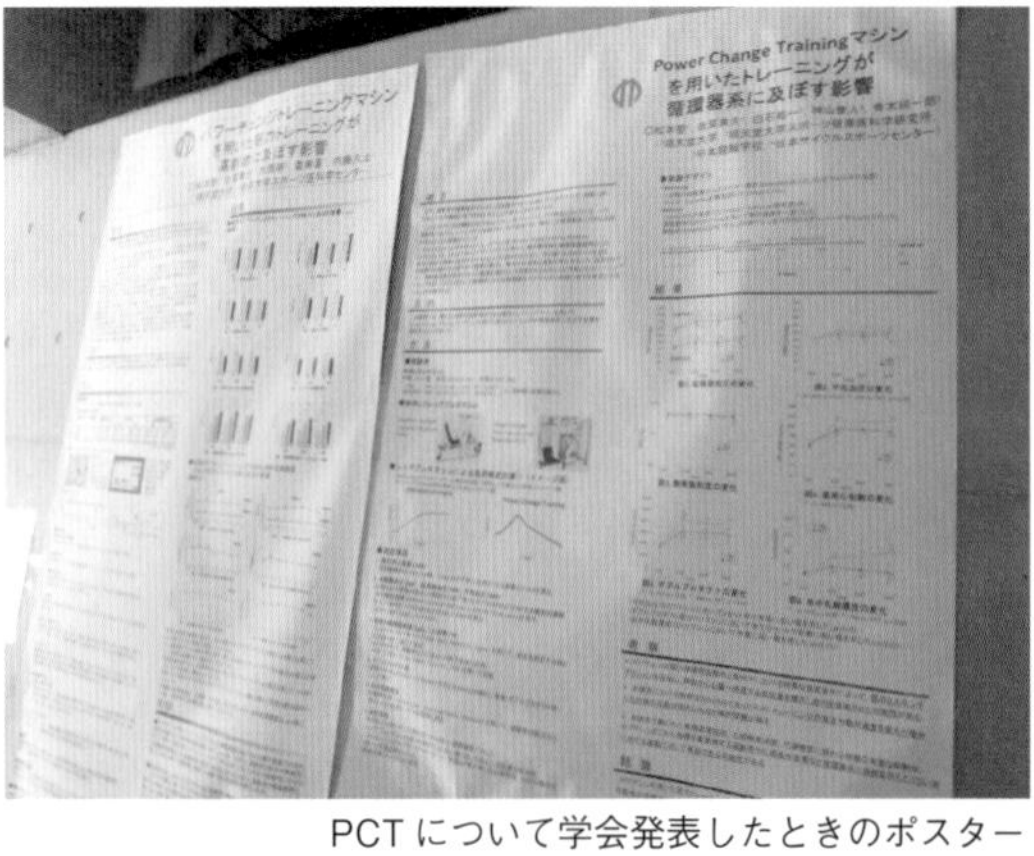

PCTについて学会発表したときのポスター

二つ目は利用状況をリアルタイムで共有できることです。トレーニングの履歴を家族や仲間と共有できるスマートフォン用アプリ「Ｆａｍｉｌｙ Ｃｏｎｎｅｃｔｅｒ」を開発しました。トレーニングはとても孤独な運動ですから、続けることがとても難しい。だからこそ、家族の励ましや仲間との切磋琢磨が大きなモチベーションになります。ＳＮＳのような形で日々の活動を共有することで、続ける喜びを演出していきたいと考えています。

メリットの三つ目は、マシンの稼働から得られるデータの蓄積です。ＰＣＴマシンの利用に当たっては、身長や体重など体格に関するデータや運動履歴などに加えて、血圧や心拍数、既往歴などの約40種類の情報を入力・保存できるようになっています。これらのデータを蓄積していけばトレーニングと健康増進の因果関係を分析できます。すでに５００人を超える高齢者がＰＣＴマシンを活用してトレーニングを行っており、データの蓄積が日々進んでいます。統計的な解析に十分耐えられるビッグデータになれば、利用価値は高まります。データの入出力フォーマットや解析用プログラムもすでに開発しており、近い将来、自治体や医療関係者と協力して分析するつもりです。高齢者一人ひとりの健康増進に寄与できるのではないでしょうか。適切なトレーニングが人々の健康寿命に好影響を与えると実証できれば、説得力ある福祉政策の立案にもつながるはずです。

健康維持から健康増進へ

――データを蓄積していくとなると、システムを開発したりサーバーを運用したりとＩＴに関する専門的な知識も必要になりますね。どのように手当てしたのでしょうか。

一連のシステム開発に当たっては、当社の経営アドバイザーを経由してプログラム開発や通信環境の整備などＩＴに詳しい人材を紹介してもらい、当社のアドバイザーとして業務委託契約を結びました。ＰＣＴマシンでトレーニングの未来をつくることに共感してくれた、能力と志の高い方からサポートを受けられるようになりました。実際のシステム開発は専門のＩＴ企業にお願いすることになりますが、彼らと同じかそれ以上の知識をもつアドバイザーがいれば、仕様を詰めたり、価格交渉をしたりするうえで安心できます。

サーバーは、セキュリティーの充実しているクラウド上のレンタルサーバーを利用しています。システム開発にかかる設備投資の金額は相応になりますが、利用者一人ひとりの大切なデータを取り扱うわけです。しっかり責任を果たすことを考えて判断しました。わたしはシステム関連の知識に詳しくありませんので、勉強する毎日です。おかげでまた新たな目標が一つでき、楽しんでいます。一度飛び込んだらとことん研究するというのは昔からの性分なのかもしれませんね。

――松本さんのアスリートとしての経験と研究者としての飽くなき探求心、そして経営者としての高い目標、これらにテクノロジーが加わったことでPCTマシンという新たなサービスが生まれたのだと思います。ヘルスケアの進歩を目の当たりにした気がします。最後に今後の展望について教えてください。

先ほどお話ししたように、介護施設でPCTマシンを使ってトレーニングに取り組む方が全国に500人以上います。今も利用者数は増加傾向にありますが、より多くの人に使ってもらうことが当面の目標です。PCTマシンは1カ月4万5000円でレンタルしています。機能を考えればお手軽な価格だと思います。

従来の介護業界では、運動は身体機能向上、あるい

PCT マシンを実演する松本さん

は改善のためというより、お世話の一環としてとらえられており、運動によるトレーニング効果についてはそれほど重視されていなかったと感じています。わたしはここからさらに一歩進めて、身体能力を改善する介護を提案しています。最初はなかなか理解してもらえなかったのですが、ＰＣＴマシンを使うようになった結果、生き生きと体を動かすようになった利用者の姿に驚く介護事業者が増えてきています。ＰＣＴマシンに対する関心の高まりを感じています。まだまだ小さな企業ですが、介護の枠を超えてヘルスケア業界全体を次のステージに導いていけるよう力を入れていきます。

データでトレーニング内容を確認できる

今後もトレーニングマシンのハイテク化は進むはずです。他方で運動する人に寄り添うトレーナーの存在がますます重要になるでしょう。わたしたちはこれまでのノウハウやデータをうまく組み合わせた、心に響くアドバイスで、皆さまの健やかな体づくりをサポートしていきます。

取材メモ

ＰＣＴマシンを実際に体験した。試したのは、シートに座った状態で体の前にあるステップを足裏で踏み込んで太ももやふくらはぎを鍛える「Ｌｅｇｐｒｅｓｓ」だ。２次元バーコードを付属の読み取り機にかざすと自分の基本情報（年齢や身長、これまでの運動履歴など）がタブレット端末に表示される。このとき、負荷も自動で調整される。１回踏み込むと、パワーの大きさが数値で表示される。時系列の変化もグラフで一目瞭然だ。データのおかげで動作の良しあしを直感的に理解できる。１回１回考えながら取り組むように求められているとも感じた。２回目。データから１回目よりもうまく筋肉を動かせたことがわかり、うれしい気持ちになる。そのまま20回は繰り返しただろうか。この間、松本さんは横でわたしの動きを見守り、いくつかアドバイスしてくれた。今日の頑張りはサーバーに記録され、いつでも振り返ることができる。思ったほど疲労感もなく、これは続けやすいと感じた。

目の前では、クラブコングで最高齢という女性が体を動かしていた。松本さんが話しかけると「明日、ボートの大会に初めて出場するんです」と返し、松本さんをびっくりさせていた。そしてわたしにも「このジムに通うようになってから、いろいろなことに挑戦してみようという気力がみなぎるようになりました。松本さんには本当に感謝しています」と話してくれた。気さくに言葉を交わす二人から、クラブコングの雰囲気がよくわかった。正しいトレーニングは心を豊かにし、人生の可能性を広げてくれることも。

ＰＣＴマシンはスポーツジム経営の可能性を大きく広げている。ジムは本来、サービスの提供と消費が同じ空間・時間で行われる同時性の高いビジネスモデルである。また、キャパシティーによって売り上げの上限がおのずと決まってしまう。この点、ＩｏＴを搭載したトレーニングマシンは同時性とキャパシティーの問題を一気に解決する。まず、リモートでトレーニングの状況を把握できる。サービスの提供と消費が異なる場所で行われても支障ないわけだ。次に、ＰＣＴマシンの主な納入先である介護施設はジムと同じ機能をもつ空間になるから、ジムのキャパシティーが増える。

そして何より、トレーニングで健やかな体を手に入れようと頑張る人の姿がより身近になる。これまでジムに通っていた人同士でしか共有できなかった熱意が伝播し「自分もやってみよう」と考える高齢者が増えれば、市場は拡大する。健康を意識するだけでなく、健康増進に向けた運動の実践が広がることは、社会にとっても望ましいといえる。

クラブコング㈱の事例が示すのは、テクノロジーによるビジネスの進化だ。ただ、進化の原動力になっているのは、松本さんの経営に懸ける思いである。人々の健康に役立ちたい。ビジネスの目的が明確だからこそ、テクノロジーをうまく操ることができる。

（藤田　一郎）

事例3 IoT

IoTで実現した無人モデルハウス

㈱サンエー

代表取締役 庵﨑《いおざき》 栄《さかえ》

◆ 企業概要

代 表 者：庵﨑　栄
創　　業：1994年
資 本 金：2,100万円
従業者数：60人（うち、パート２人）
事業内容：電気工事、太陽光発電設備の販売・設置工事、新築住宅の建設・販売
所 在 地：神奈川県横須賀市三春町4-1-10
電話番号：046（828）3351
Ｕ Ｒ Ｌ：https://sanei-e.com

㈱サンエーが千葉県君津市で展開する住宅事業のモデルハウスには営業担当者がいない。無人だからこそ多くの人が訪れて、見学後の満足度も高いという。無人モデルハウスを導入したことで同社の住宅事業の業績は飛躍した。無人モデルハウスはどのように生まれたのか、また、どのように販売につなげるのか。社長の庵﨑栄さんに話をうかがった。

住宅事業に参入

――御社の沿革を教えてください。

わたしは高校卒業後、まず大手電気工事会社で3年間施工管理の仕事を経験しました。その後、別の会社で現場の職人として4年間修業を積み、1994年に独立して個人で電気工事業を創業しました。これが当社の始まりです。創業当初は、受注額が数百万円の小口工事をこなしてきましたが、信用を得られるようになった2000年ごろには、3000万～5000万円ほどの大きな工事を受けるようになりました。従業員の数は5人となりました。ただし、当時手がけていたのは下請け工事ばかりでした。価格の決定権をもつ元請けにより受注額を抑えられてしまうため、当社に十分な利益が残りません。何より頑張っている従業員の給与を上げられないことに歯がゆさを感じていました。従業員の待遇を向上させるだけの利益を確保するには、利益率の高い元請け工事も受注する必要があると思うようになっていったのです。

そこで2003年に始めたのは、家庭用の太陽光発電設備の設置工事です。住宅の屋根にソーラーパネルを据えつけて発電し、その電力を自家消費するものです。当時、家庭用の太陽光発電設備はあまり普及していませんでした。また、設置工事は、住宅の屋根に雨漏りしないように穴を空けるという従来の電気工事では用いない繊細な技術が必要で、ノウハウをもつ同業者はほとんどいませんでした。競合が少ない太陽光発電設備の設置工事にいち早く取り組み、パネルの製造業者と協力して設置技術を高めていった結果、当社には多くの工事が集まりました。やがて、市場が拡大してくると当社はパネルの販売も手がけるようになり、一般家庭への営業を始めました。

２０１２年、電気事業者による再生可能エネルギー電気の調達に関する特別措置法が施行されました。これにより、太陽光で発電した電力を国の定めた価格で電力会社が買い取るようになると、売電用の太陽光発電設備が急速に普及しました。当社はこの機を逃さず、売電用の太陽光発電設備の販売と設置工事も始めました。遊休地などに架台を立て、そこにパネルを設置するものです。家庭用に比べて規模は大きく、受注額は２０００万円程度です。家庭用も売電用も設置工事は元請けなので、当社が工事金額を決められますし、パネル販売の収益も得られることから、十分な利益を確保できるようになりました。さらなる成長を目指して営業エリアを拡大し、２０１４年には千葉県君津市や島根県松江市など5カ所に営業所をもつようになりました。この頃には従業員の数は15人に増えました。

そして、最近は２０１５年に始めた住宅事業に力を入れています。戸建ての注文住宅の設計、施工、販売を一貫して行っています。住宅事業はまだ君津市の営業所でしか取り組んでいませんが、着実に実績をあげてきており、現在、当社の売り上げの約3割を占めています。

――太陽光発電設備事業が好調だったなか、なぜ住宅事業を始めたのですか。

太陽光発電設備の市場が成熟するにつれて競合する設置工事業者が増えてきました。さらに、電力の買い取り価格は年々下がってきており、設備の需要は減りつつありました。太陽光発電設備事業に頼ってばかりでは業績を落としかねません。当社が成長を続けるためには、既存事業が順調で資金に余裕があるうちに新たな柱となる事業を探す必要があったのです。

住宅事業に参入したきっかけとなったのは、家庭用の太陽光発電設備を飛び込みで営業したときの苦い経験です。わたしは設備導入のメリットを丁寧に説明し、十分な手応えを感じました。ところが、残念なことに契約には至りませんでした。ただし、その方は太陽光発電設備を導入しなかったわけではありません。自身の住宅を建てたメーカーから購入したのです。わたしは、住宅を建てることがどれほど影響力のあることか思い知りました。住宅を建てるところからかかわれれば、修繕や新たな電気設備の導入などでもお客さまに頼ってもらえます。お客さまと長い付き合いができれば、当社の営業基盤の確立につながると考えたのです。ちょうど当社には住宅を設計できる従業員がいました。太陽光発電設備を設置するためには設計に関する知識があったほうが有利です。また、業界内のつながりから、建築工事や管工事など住宅を建てるのに必要な外注先は確保できます。施工管理の経験をもつわたしは、外注先をまとめることができます。当社にとって、住宅事業に参入するための壁はありませんでした。

ＩｏＴ住宅に深化

――とはいえ、戸建て住宅の市場は競合ひしめくレッドオーシャンですよね。どうやってライバルと差別化を図っているのですか。

世帯年収４００万円ほどの20～30歳代の若者をターゲットとし、購入しやすいように販売価格を低く抑えています。土地と建物、外構工事などすべて含めて３０００万円以内に収めるケースがほとんどです。君津市やその周辺で他社に依頼するよりも安いと自負しています。秘訣は土地の仕入れです。当社は以前から、地元の有力な地主のもとを訪問し、遊休地を太陽光発電設備の土地として販売する手伝いをしてきたことから、良好な関係を築いてきました。そのため、地主から住宅用の土地を市場価格より安く仕入れられるのです。

もちろん、価格だけではなく、暮らしやすい住宅であることも重視しています。当社はスマートフォンによる家電管理システム「S《エス》-R《リ》EM《モ》OS《ス》」を販売するすべての住宅に搭載しています。いわゆるIoT住宅です。

S-REMOSの仕組みを説明すると、屋根裏に設置した制御基板と、照明やエアコン、電子錠の玄関ドアなどの家電を配線でつなぎます。居住者はスマートフォンの専用アプリで制御基板に指示を出すことでどこからでも家電を操作できます。一般的なIoT住宅は制御基板と家電を赤外線やブルートゥースを用いて無線でつなぐのですが、壁などが遮蔽物となりうまく操作できないことがまれにあります。有線でつなぐS-REMOSは、その心配がありません。

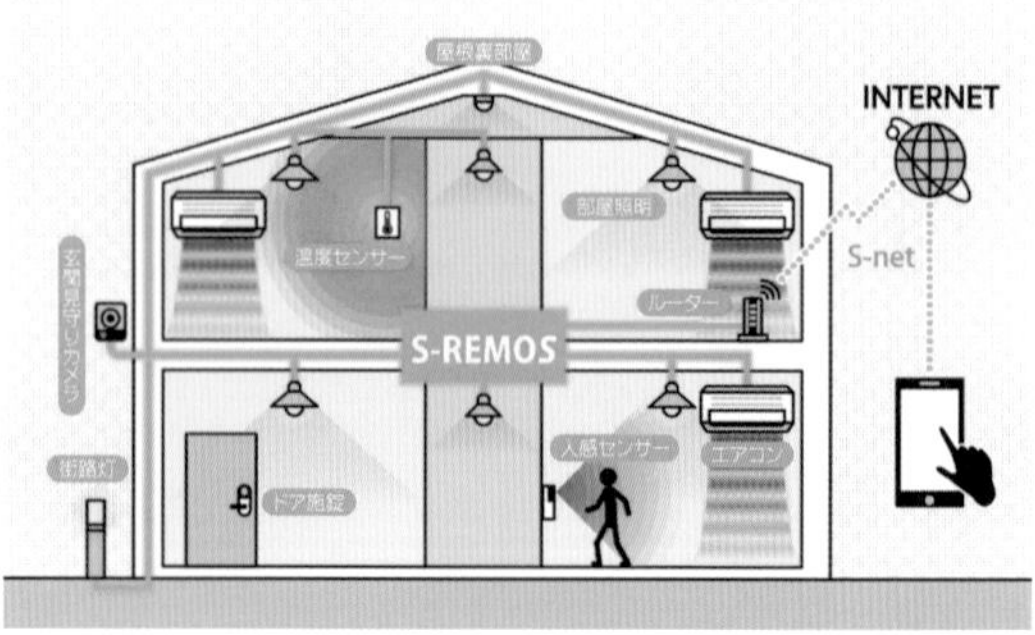

スマートフォンで家電を操作できるS-REMOS

――S-REMOSは誰が開発したのですか。

当社が電機メーカーおよびソフトウエア制作会社と共同開発しました。S-REMOSのアイデアのヒントになったのは電気自動車でした。当時、わたしは日本で発売されて間もない米国産の電気自動車を購入しました。乗り心地もさることながら、感動したのはエアコンなどの車内設備をスマートフォン一つで操作できる便利さです。住宅でも同じことができれば、必ず需要はあると考えたのです。ターゲットとする若者にとってスマートフォンは手放せないものになっているので、受け入れやすいはずです。

とはいえ、当社は電気工事業者ですので単独での開発はできません。そこで、協力してくれる会社を探すことにしました。アイデアを形にできそうな業者をインターネットで検索し、飛び込みで協力を依頼したのですが、開発費がいくらかかるかわからない未知のシステムづくりなど受けられないと門前払いされてしまったのです。それでも粘り強く探した結果、10社ほど訪問してようやく協力してくれる会社が見つかりました。リブーターと呼ばれるダムの管理装置を手がけている電機メーカーです。リブーターは停電など有事の際、パソコンを遠隔で再起動する装置です。機械を遠隔操作することがS-REMOSのアイデアと共通していたこともあり、電機メーカーの担当者は、わたしの話に耳を傾けてくれました。

興味をもってくれた担当者は、社長を説得してくれただけでなく、アプリをつくるためのソフトウエア制作会社も紹介してくれたのです。
ただし、開発費はすべて当社が負担しました。ハードウエアに1000万円、ソフトウエアに400万円。これらは、太陽光発電設備事業で得た利益から捻出しました。約1年の開発期間を経てS-REMOSは完成し、当社は住宅事業に参入したのです。

業界の常識と異なる営業方法に刷新

——住宅の販売当初からS-REMOSを搭載していたのですね。実績はどうでしたか。

発売から1年間で売れたのはわずか3棟でした。販売数を伸ばせなかった最大の理由は、営業方法でした。新築住宅の営業はモデルハウスを設置するのが一般的です。来場者は、入り口で氏名や住所、電話番号に加えて、家族構成、勤務先、年収、購入希望時期、希望の場所や間取りといったたくさんの情報をアンケート用紙に記入します。その後、営業担当者の熱心な説明を聞きながらモデルハウスを見て回ります。この方法を当社も採っていたのですが、ターゲットとする若者には合っていなかったのです。気軽になかをのぞいてみたいと考える若者にとって入り口でさまざまな個人情報を記入することには抵抗があります。入ったとしても、常に営業担当者に付き添われていたのでは落ち着いて見ることができませんし、積極的に売り込まれると嫌気がさしてしまいます。

この問題を解決するために、わたしはＳ‐ＲＥＭＯＳを活用してモデルハウスを無人化することを思いつきました。無人であれば気軽に入ることができるので、来場者は増えるでしょう。人目を気にせず自由になかを見て回れれば、マイホームでの生活を疑似体験でき、来場者の購買意欲は高まると考えたのです。

――モデルハウスに営業担当者がいないと成約につなげるのが難しいように思いますが。

住宅は大きな買い物ですから、モデルハウスの見学だけで決断するような方はほとんどいません。大切なのは来場後のアフターフォローです。来場から成約までの主な流れは次のとおりです。

まず、無人モデルハウスを見学するための準備として、ＬＩＮＥで当社のアカウントを登録し、氏名と住所、電話番号、希望の見学日時を入力してもらいます。若い人はＳＮＳでつながることに抵抗があまりないと考えました。また、事前に教えてもらう情報はアフターフォローで連絡するのに最低限必要なものに絞り、来場するためのハードルを下げました。

見学当日はまず、モデルハウス到着時に来場者から当社のＬＩＮＥアカウントに連絡をもらいます。当社の従業員は営業所からＳ-ＲＥＭＯＳでドアを開錠し、来場者はスマートフォンで照明や空調の操作を体験しながらなかを見て回ります。玄関やキッチン、各部屋などモデルハウス内のさまざまな場所に２次元バーコードを掲示しておき、それをスマートフォンで読み込めば実際に部屋を使用しているイメージ映像が流れます。担当者がいなくても設備について最低限の説明はできるわけです。質問があれば、随時ＬＩＮＥで連絡をもらいすぐに回答しますし、モデルハウスから営業所までは車で10分ほどなので、緊急時は従業員がすぐに駆けつけられます。

初めはちょっとなかを見てみようと来場した方でも、実際に住むイメージが湧くので、帰るころには自分の家をもちたいという気持ちが高まっています。そうした気持ちが冷めないように、見学の翌日にアンケートのお願いをお礼とともにＬＩＮＥで伝えます。ここからアフターフォローを進めていき、少しずつ良好な関係を築いていきます。アンケートに「詳しい話を聞きたいので連絡してほしい」というコメントがあるなど、住宅購入に前向きな反応があった場合には、成約につなげられるように担当者をつけて積極的にアプローチするようにしています。

――無人モデルハウスを導入した成果はどうでしたか。

地元のフリーペーパーへの掲載やＳＮＳでの情報発信により無人モデルハウスを周知したところ、予想以上の反響がありました。多いときには1週間で40組の来場がありました。そのほとんどが当社のターゲットとする若者でした。なかでも小さな子どもを連れた家族が多く、来場後のアンケートでは人目を気にせず思い切り楽しめたとのコメントがたくさん寄せられました。無人モデルハウスがいかに気軽に立ち寄れる場所であるかがわかりました。

無人モデルハウスを導入したことで来場者数は増加したわけですが、新たな課題も見つかりました。それは、来場時に登録した当社のＬＩＮＥアカウントを見学直後に解除する方

営業担当者のいないモデルハウス

が多いことです。来場者の約7割から解除されてしまいました。もともと気軽に来てほしいと始めた無人モデルハウスなので仕方がないことかもしれませんが、せっかく来場してくれたのですから、住宅について気兼ねなく相談できる関係でいたいものです。そこで、見学後も来場者とのつながりを保つために二つの取り組みを始めました。

想定外の成果が続々と

――どのような取り組みですか。

一つは、ＬＩＮＥによる情報発信です。内容は、住宅ローンの金利や自治体の補助金などの購入に向けて必要な情報から、壁についた汚れの落とし方といった住宅に関する豆知識まででさまざまで、来場者に満足していただいています。なかには当社が発信した情報をもとに、購入する場合の住宅ローンの支払額と賃借している家の家賃が変わらないのに気づき、一気に購買意欲が高まった方もいました。

もう一つは、イベントの開催です。モデルハウスの庭を活用したバーベキューや花火を行う、ご当地アイドルをモデルハウスに招いて来場者にクレープを振る舞うといったものです。こうしたイベントは、来場者と当社の従業員が初めて会う機会になります。一度顔を合わせれば、相談しやすくなるという方も多いと思います。

いずれも自社商品の猛アピールや押し売りにならないよう気をつけています。この二つの取り組みによって、当社のLINEアカウントの登録を解除する来場者は、1割ほどに減少しました。無人モデルハウスの導入により来場者の増加を図り、さらに来場者と長く付き合っていくための取り組みを続けた結果、2019年には、40棟を販売することができました。住宅事業の拡大もあって、従業員の数は60人にまで増えました。

また、無人モデルハウス導入の成果は販売数の増加以外にもありました。それは、業務の効率化です。従来の方法ではモデルハウスに従業員が常駐していなくてはなりません。来場者が少ない日もあり、待機時間を無駄にしてしまうことがありました。無人化したことで待機時間がなくなったので、

イベントには多くの人が集まる

空いた時間を顧客との打ち合わせや社内での人材育成などに充てられるようになりました。新入社員の早期戦力化や残業時間の削減につながるなど従業員一人ひとりの生産性が高まったのです。

――現在、コロナ禍で苦労している住宅メーカーは多いと思いますが、御社の住宅販売に影響はありましたか。

確かに苦戦している同業者は多いようです。営業担当者がお客さまに付き添う従来の営業方法には感染リスクが伴うことから、モデルハウスに来る人が減ってしまったのでしょう。しかし、当社が売り上げを落とすことはありませんでした。無人モデルハウスでは見学中に当社の従業員含め他人と接触することは一切ありません。アルコール消毒液や手袋を設置したり、定期的に清掃・除菌したりして感染対策を徹底しています。コロナ禍であっても安心して見て回れることから、気分転換に遊びに来てくれるケースも多く、来場者は減らなかったのです。ＬＩＮＥによる情報提供で来場客をつなぎとめることもできていますし、今後も販売数を維持できる見込みです。

コロナ禍において、誰とも接触せずに見学できる当社の無人モデルハウスは同業者から注目されました。そこで、当社は無人モデルハウスのシステムを集客ノウハウなども含めてパッケージ化して住宅メーカーに販売することを始めました。

――IoT住宅を使った新たなビジネスモデルを生み出したわけですね。今後の目標を教えてください。

おかげさまで、当社はすでに無人モデルハウスのシステムを大手住宅メーカーに販売できました。まったく新しい顧客を獲得できたのです。しかし、中小住宅メーカーへの販売実績はまだありません。コストに見合った効果を得られるか疑問に思って導入に踏み切れないのかもしれません。今後は地場の中小住宅メーカーにも無人モデルハウスの販売を広げていきたいと考えています。

中小住宅メーカーの多くは地元密着で商売を行ってきていることから、地域の事情に精通しています。その地域に住宅を購入したいという人にとって有益な情報を提供できるでしょう。モデルハウスへの来場数を増やせれば、アフターフォローで信頼関係を築き成約数も伸ばせるはずです。また、来場者がいつ来るかわからないモデルハウスで待機することで発生するロスの与える影響は、人員が豊富な大企業に比べて大きいでしょう。無人モデルハウスを導入する効果は中小住宅メーカーのほうが大きいと考えています。導入してもらうためには、同じく中小住宅メーカーである当社が住宅販売数をもっと伸ばして成功例を示していきたいと思います。

取材メモ

店に入ったものの、店員の強引なセールストークに嫌気がさしてすぐに出てしまった経験のある人は多いのではないか。同社の社長である庵崎さんも洋服を買いに行った際に同様の経験をしたという。インターネットでさまざまなものを購入できる環境で育った若者ならなおさらだと庵崎さんは分析する。

庵崎さんは住宅事業に参入した当初、モデルハウスへの来場者が少ないことと、来場者の購買意欲を高められないことを悩んだ。解決の糸口になったのは、前段の分析だ。ターゲットとする若者に気軽に来てもらうには、営業担当者が駐在しないほうがよいと考えたのである。その実現のために活用されたのが、自社商品であるＩｏＴ住宅の機能だったわけだ。

庵﨑さんは、自社の課題を明確にし、目指すべき姿をよくイメージしてから解決方法を検討した。そのうえで最先端技術であるＩｏＴの活用が最適だと判断したからこそ、住宅事業の売り上げを増やせたのだろう。

同社への取材を通じてわかったことは、もう一つある。それは、最先端技術の活用により副次的な成果を得られるケースがあることだ。同社でいえば、待機時間の削減による業務の効率化、非接触営業による新型コロナウイルスへの感染防止効果、同業者という新たな顧客層の獲得である。最先端技術の活用は幅広い業務領域に好影響を与えるため、当初の狙いとは別の成果も得られやすい。明確な意図をもって最先端技術を経営に取り入れることができれば、業績を期待どおりに、うまくいけば期待した以上に伸ばせるはずだ。

（篠崎　和也）

事例4 ロボット、AI

ロボットが担う「いらっしゃいませ」の2分間

㈲松本商店

代表取締役 松本《まつもと》 恭和《やすかず》

◆ **企業概要**

代 表 者：松本 恭和
創　　業：1877年
資 本 金：300万円
従業者数：17人（うち、アルバイト8人）
事業内容：和ろうそくの製造販売
所 在 地：兵庫県西宮市今津水波町11-3
電話番号：0798（36）6021
U R L：https://www.warosoku.com

兵庫県西宮市にある㈲松本商店は、全国に20店舗ほどしかない和ろうそくの製造販売店の一つだ。伝統技術を大切に、昔から変わらず一本一本手作業で仕上げる。創業140年を超える歴史のある店で、最初に来店客を出迎えてくれるのは、AIを搭載した接客用ロボットだ。社長の松本恭和さんは、「いらっしゃいませから始まる最初の2分間、ロボットがお客さまを引きつけてくれれば」と語る。ファーストコンタクトをロボットに託した、松本社長の狙いを聞いた。

手づくりは付加価値

――まず和ろうそくについて教えてください。

　和ろうそくは、和紙とイグサを棒に巻きつけた芯の上に、木《もく》ろうを塗ってつくります。木ろうとは、ウルシ科の植物であるハゼの実をつぶして油脂分を精製し取り出したものです。48～50度に温めて溶かした木ろうを、温度を管理しながら芯に塗っていきます。木ろうは気温に敏感なため、手の感覚で適温を見極めながら塗っては乾かす作業を繰り返し、目的の太さまで仕上げます。

　和ろうそくは長い歴史をもち、室町時代に中国から伝わりました。その後本格的に生産が進み、利用が広まったのは江戸時代に入ってからです。電気のなかった当時は、日常の貴重な明かりとして使われていました。

　しかし明治時代になり電気が通じ始めると、和ろうそくは明かりとしての需要を失います。同じ頃、外国から洋ろうそくが入ってきました。洋ろうそくは、原油から石油を絞った後の残存物を精製してつくるパラフィンを原料とし、芯は木綿などの糸でつくられます。和ろうそくに比べて安価な洋ろうそくが店頭に並ぶようになると、和ろうそくはだんだん忘れられていきました。

今の日本で流通しているろうそくのうち、約95パーセントは洋ろうそくで、残りの約5パーセントが和ろうそくです。江戸時代には２００～３００店舗あった製造専門店も、今では全国で20店舗ほどしかありません。

――和ろうそくにはどのような特徴があるのですか。

和ろうそくの一番の特徴は、炎の見え方です。木ろうには自然由来の独特な粘りがあるため、火をつけると芯がろうを吸い上げる際に、炎が揺らいで見えます。風がなくても炎が大きく揺れる様子は、茶席では優美だといわれ、能狂言の世界では幽玄だと重宝されます。また仏壇に置けば仏様が喜んでいるようだといわれます。当社の主な販売先は寺院で、売り上げの7～8割を占めます。

絵が描かれたろうそくがあるのも、和ろうそくの特徴です。これは「絵ろうそく」とも呼ばれ、和ろうそくに花などの絵を描いたものです。絵は転写によるものもありますが、ほとんどは一本一本、手で描きます。美しい見た目から、一般のお客さまには花の絵を描いてあるものが好まれます。昔から、火をつけずに仏壇に供えることで、生花が枯れてしまってもご先祖様に失礼にならないという意味合いがあるのです。当社では1月から12月まで、毎月の花を描いた和ろうそくを準備しており、仏壇に華やかさを添えるお手伝いをしています。

和ろうそくは希少なハゼの実を使うことから原料代が高く、また大量生産もしないため、洋ろうそくと比べて値段は高くなります。１本当たりの価格は、洋ろうそくの10倍くらいです。当社で扱っている和ろうそくは、家庭で使われることの多い高さ10センチメートル以下のサイズのもので、１本当たり約60円～１２０円です。絵が描かれているとサイズも少し大きくなり、ほとんどが５００円以上になります。

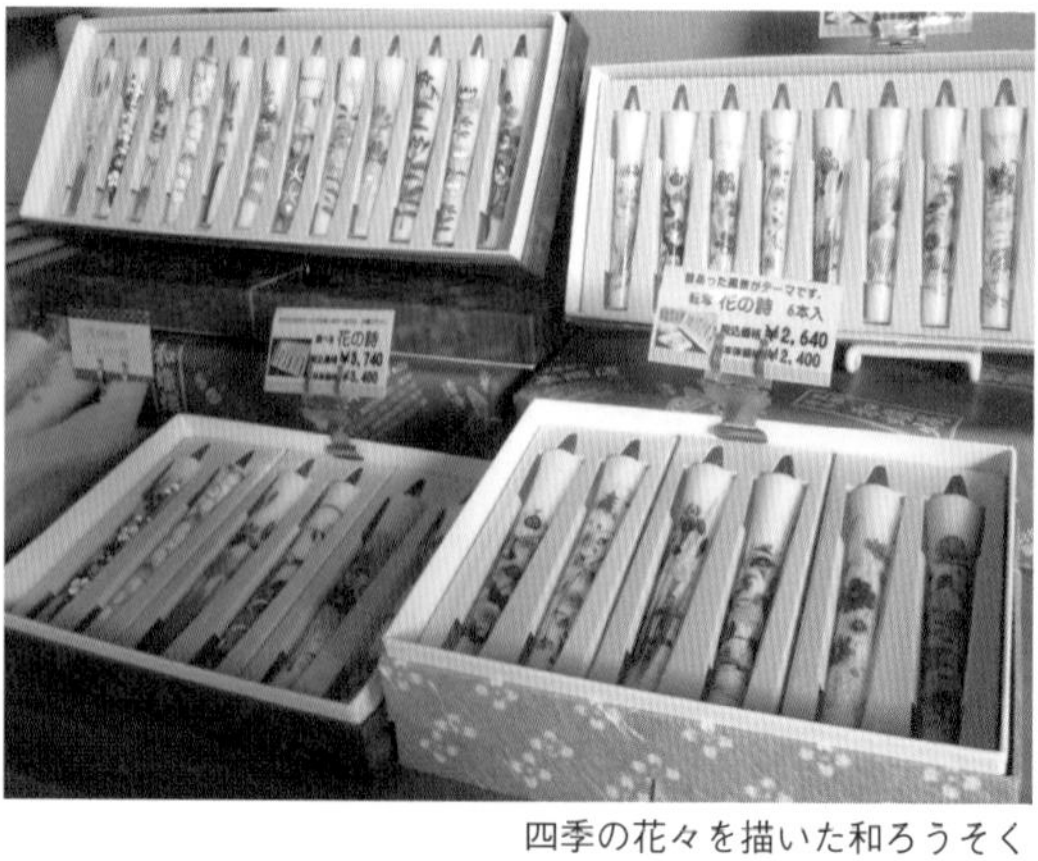
四季の花々を描いた和ろうそく

値段の高さに加え、使うときに芯切りという手間もかかります。和ろうそくは、芯が完全に燃えず炭になって残る特徴があります。特に大型の和ろうそくは芯が太いため一層燃えにくく、残った芯のせいで炎が大きくなりすぎてしまいます。そこで、芯を切る作業が必要なのです。例えば、20号という直径2センチメートル、高さ20センチメートルほどのサイズの和ろうそくは、通常3時間ほど燃焼しますが、だいたい1時間に1回芯切りをする必要があります。

洋ろうそくと比べて魅力的な点はあるものの、値段は高いし使い勝手も良くない。それでもお客さまに使っていただくには、どうすればよいのか。大切なのは、付加価値を提供することです。わたしはある苦い経験から、和ろうそくの付加価値は「手づくり」にあるということに気づいたのです。

――手づくりの価値に気づくきっかけとなる経験があったのですね。どのような出来事だったのですか。

30年ほど前、和ろうそくの製造工程を機械化しようと試みたことがありました。わたしが父から店を継いだばかりの頃です。何とかして売り上げを伸ばそうと躍起になっていたわたしは、機械を新たに導入して生産効率を高めようと考えました。

わたしは大学を卒業した後すぐには家業に入らず、社会経験を積むために銀行に就職しました。銀行員時代にはいろいろな企業のことを知る機会がありました。

日々、効率性を追求する企業経営の最前線を目の当たりにするたびに、手づくりのろうそくにこだわる家業がきわめて非効率に感じられました。いつまでこの古くさいやり方を続けているのかと反発したわたしは、店を継ぐと、和ろうそくを自動で製造する機械をつくってみようと考えたのです。

外部の業者と一緒に、専用の機械を設計するところから始まりました。ろうを塗る際に必要な、人の手の繊細な動きを機械に求めることは難しく、試行錯誤が続きました。総額約２０００万円をかけて、１９９４年12月末、ついに特注の機械が完成しました。さっそく試作してみると、きれいな和ろうそくを12本一気につくれるはずだったのが、どういうわけか太いものがあったり、細いものがあったりと、バラバラの形になってしまう。年が明けたら原因を調べて動きを調整しようと思っていた矢先、阪神・淡路大震災が

一本一本手作業で仕上げる

起きたのです。

幸い、従業員も家族もみんな命だけは無事でした。しかし和ろうそくの作業場と自宅は全壊し、そして調整を待っていた機械も、倒れて修理不可能なまでに壊れてしまいました。１本も和ろうそくをつくることなく使えなくなった機械と、残った借り入れを前に、わたしはただぼうぜんとしました。

しかも、和ろうそく店の書き入れ時である３月の彼岸が近づいていました。被災したとはいえ、一度納品できないと、お客さまや取引先に忘れられてしまうかもしれない。悲観して立ち尽くすわたしの横で、いち早く動きだしたのは父でした。当時、やっと復旧した電気を使い、木ろうを調理器具で温め、そして手作業で黙々と和ろうそくをつくり始めたのです。このときわたしは、非効率だと否定的にみていた手づくりの、本当の価値に気づきました。

わたしたちのつくる和ろうそくは、手づくりであるからこそ意味がある。人のつくる温かみを宿した商品だからこそ、愛してくれるお客さまがいるのです。それまで古くさいと思ってきた手づくりこそ、わたしたちが守るべき付加価値だということが、この苦しい経験から得た教訓なのです。

最初の2分間の接客をロボットに託す

――人の手でつくることを大事にしているのですね。接客にロボットが活躍しているのはどうしてですか。

手作業をお客さまに見せたいという思いを突き詰めた結果、出た答えがロボットの導入だったのです。当社の和ろうそくの売り上げの多くは寺院向けですが、家庭で使ってくれるお客さまを増やそうと、百貨店の催事などでの実演販売に力を入れています。

実演販売では一段高くなっているひな壇に座り、和ろうそくをつくりながら、接客と販売まですべてわたし一人でこなします。接客はタイミングがとても大切で、お客さまが足を止めてくれたところで、効果的に声をかける必要があります。しかし和ろうそくの実演販売の場合、すぐに手を止めて、というわけにはいきません。手袋をつけているとはいえ、手でろうを塗っているので手先はろうまみれだからです。手袋を脱いで手を洗わないと、商品を手に取ることもできないわけです。支度をすませてさあ「いらっしゃいませ」となったときには、お客さまはもう離れてしまっている。お客さまが興味をもってくれても、最初のたった

2分間、接客できないだけで、お客さまを逃してしまうことが何度もありました。接客のために人を雇おうにも、1日の催事の売り上げではとても採算が合いません。そこで、わたしが手を洗う最初の2分間の接客だけ、ロボットに任せられないかと考えたのです。

——ロボットは大切な役割を担っているのですね。具体的にどのように接客するのですか。

接客ロボットは、わたしの作業台と同じひな壇の上に置きます。片手で持ち運べるほどコンパクトなロボットなので、ちょうどお客さまの目線と同じくらいの高さになります。そこで足を止めてくれたお客さまと会話します。例えば、お客さまが「こんにちは」と言うと、「こんにちは。いらっしゃいませ」と返します。

会話だけでなく、ロボットの顔の部分についている液晶画面に写真や映像を映し出すこともできます。例

接客ロボット

えば、お客さまが「ハゼの実って何かしら」と言うと、ハゼの実の写真を映したり、ハゼの実を摘む映像を流したりします。ほかにも、「もったいない」という言葉にも反応します。きれいな絵が描いてある和ろうそくを見ると「火をつけるのがもったいなくて使えないわ」と言われることが多くあります。そこでロボットが「もったいないとおっしゃいましたが」と話し始め、絵の美しさだけではない手づくりの魅力を、映像を交えて語ってくれるのです。

お客さまとスムーズにコミュニケーションできるように、ロボットを導入した際、あらかじめ必要な情報をインプットしておきました。お客さまが和ろうそくを見たとき、最初に口にすることは、だいたい決まっています。これまで実演販売を長く行ってきた経験から、よくわかっていました。そこでまず、お客さまが口にすると思われるキーワードや質問を書き出してまとめました。そしてロボットがうまく話せるように工夫しながら、パソコンを使って入力していきます。どのように言われたら、どのように返すという基本的な会話文だけでなく、キーワードに対する答え方もいくつか入力しました。また、液晶画面は顔にもなり目や口で表情を映すこともできます。お客さまが気持ちの良いコミュニケーションができるよう配慮しました。

大切なお客さまのファーストコンタクトをロボットに任せるのです。ただの接客にとどまらず、わたしたちのこれまでの経験を存分に生かした接客にしたいと思い、入念に準備しました。当店のすぐ近くにある甲子園球場を本拠地とする、阪神タイガースの話題にも対応しているのですよ。話しかけられて上手に反応するロボットにお客さまが喜んでくれるのが、うれしいですね。

――ロボットの導入は、どのように進めたのですか。

以前、製造工程の自動化を試したことからわかるように、わたしは昔から機械の可能性について関心がありました。生産効率を上げて売り上げを伸ばしていくには、いずれどこかの工程に機械を導入する必要があると考えていました。接客にロボットを活用できると知ったのも、わたしが新しい技術に対して常にアンテナを張っていたからだと思います。

もともとロボットについて専門知識があったわけではありません。兵庫県にある公益財団法人新産業創造研究機構（ＮＩＲＯ）に通って情報を集めました。専門家たちの話を聞いていると、機械やロボットの進化は日進月歩であることを実感します。だからこそ、どのような工程、場面で活用するのかを明確にしておくことが大切です。

わたしが相談した当初、ＮＩＲＯの担当者は製造工程でのロボット活用をイメージしていたそうです。接客で使いたいことを伝えると、びっくりしていました。さらに活用のシーンを細かく伝えたところ、費用や期待される効果などを具体的に提案してくれました。やりとりがテンポ良く進んだことを覚えています。「ひょうご次世代産業高度化プロジェクト」の一環として、ロボット導入に対してＮＩＲＯから補助金が出たことも、導入の決断を後押ししました。ロボットは、メーカーが開催する展示会に足を運んで実際に見て選びました。わたしが重視したのはコンパクトさです。実演販売に毎回持参するため、持ち運びが容易なことはもちろんですが、実演販売会場で行き交うお客さまの妨げにならないようにと考えたのです。メーカー各社はさまざまなタイプの接客ロボットをリリースしているのですが、わたしはテーブルに置けるサイズの小型ロボットを選びました。

また、操作性に優れ、専門知識をもった人がいなくても簡単に扱えるかどうかも重視しました。わたしが選んだロボットはＡＩを搭載しているため、最初にいくつかの情報を入力しておくだけで、自分で学習してどんどん賢くなっていきます。日々成長していく様子が頼もしいわけです。しかも毎日一緒に過ごしていると、何ともいえぬ愛着が湧いてきます。今振り返ってみると、このロボットを導入した一番の決め手は、かわいらしい見た目だったのかもしれませんね。

です。

ギャップがあるから面白い

——確かにかわいらしい姿のロボットですね。大人だけでなく子どもからの人気もありそうです。

そのとおりです。子どもはロボットに気がつくと近寄ってきてくれ、そして自分の声に反応することがわかると、盛んに話しかけてくれます。すると、親御さんも足を止め、近未来感のあるこのコミュニケーションを子どもと一緒に楽しんでくれます。

これまで和ろうそくを購入する個人のお客さまは、50歳代から60歳代で、自宅に仏壇のある方が中心でした。わたしは和ろうそくに関心のない人が増えていること、そもそも和ろうそくを知らない人が、若い世代を中心に増えていることについて、以前から危機感を抱いてきました。このままでは、高齢化の進行とともに和ろうそくは廃れてしまいます。

ところが、ロボットが子どもを引きつけてくれるおかげで、小さな子どものいる若い世代の方が興味をもってくれるようになりました。実家に仏壇のある方は実家用に、美しい見た目から贈答用に購入する方も増え、売り上げの増加につながってきたのです。

――ロボットを導入したことで、新しい顧客層を開拓したのですね。

和ろうそくという古めかしい商品と、ロボットという最先端技術とのギャップが面白いのだと思います。従来の細々とした需要に対応しているだけでは多くの人に知ってもらうことすらできません。当面、市場規模を維持することはできても、今後の拡大は見込めない。室町時代から続く伝統を次世代につないでいくには、できるだけ多くの人の目に触れるようにする必要があります。接客ロボットを導入したことで、まず足を止めてもらい、興味をもってもらえるようになりました。手作業を見せるためという、当初の意図にはなかった効果が生まれたのです。

――これからの展望を教えてください。

和ろうそくをもっと広めたいと考えています。実は今、和ろうそくはインテリアのアクセントとして活用されるようになってきています。自然由来である独特の炎の揺らぎが、癒やしをもたらすと注目されているのです。わたしは今後、特に若い世代の方に使ってもらえる和ろうそくをつくっていきたいと考えています。例えばヨガ教室に癒やしの雰囲気を演出するものや、食卓に置いて安らげるものなど、和ろうそくの可能性を広げたいと思います。

「ステイホーム」でLEDライトの下で過ごす時間が増えている今だからこそ、和ろうそくの魅力は再認識してもらいやすいかもしれません。絵柄と炎の揺らぎで、おうち時間を楽しんでもらえたらうれしいです。

そのためにも、接客ロボットの一層の活躍を期待しています。残念ながらここのところは、新型コロナウイルス感染症の影響で、百貨店での催事が相次いで中止になり、実演販売があまりできていません。ロボットのコミュニケーションスキルが向上してきたところだったので、とても残念に思います。今後、新型コロナウイルス感染症の収束とともに、ロボットの活躍の場が再び増えることを願っています。お客さまとの会話のなかで成長していくロボットの姿を見ることが、今から楽しみです。

取材メモ

松本社長に取材をお願いした際、和ろうそくの作業をしながらでよいですかと聞かれた。多忙な時間に訪ねてしまい申し訳ないと思ったのだが、松本社長の真意は違った。松本社長にとってつくる様子を見せることは、付加価値を提供することであり、経営の話とは切り離せないものだったのだ。そして、手づくりの様子を見せたいとの思いを突き詰めた先に、接客ロボットの導入があった。人間にしかできないパフォーマンスを大切にする姿勢が、ロボットという最先端技術を活用するきっかけになった。

小企業のなかには、最先端技術の導入にはさまざまなハードルがありそうだといって足踏みしてしまう企業も多いだろう。この点、㈲松本商店は独自の工夫でハードルを乗り越えている。松本社長は、誰でも簡単に使いこなせることを条件に、汎用品の接客ロボットを選んだ。システム開発の負担がないため、コストを抑えスムーズに導入できた。他方、同社ならではの接客ロボットに育てるために、これまで蓄積してきた接客ノウハウを、手間をかけて整理しデジタルデータ化、ロボットにインプットしていった。めりはりをつけた準備で、独自の接客ロボットに仕立て上げたのである。最先端技術について高い意識をもち、積極的に情報収集を行ったことも、同社がロボット導入に成功したポイントといえるだろう。松本社長は最先端技術を身近なものととらえ、生産性を高めるために活用できる場面を日頃から探していた。そのため接客ロボットの具体的な活用イメージをもって、準備を進められたのだ。

松本社長は、催事で実演を見せながらも、接客に力を入れたいという課題を解決する手段として、接客ロボットを導入した。そして課題を解決できたばかりか、顧客との関係を強化することに成功し、新しい顧客層を獲得するに至った。最先端技術の導入は、何も最新の事業を生み出す企業のためのものではない。日常的な経営上の課題を解決する一つの方法として、最先端技術は活用できる。松本社長の経営には、伝統を守る小企業の、新しい発展の形がある。

（笠原　千尋）

事例 5 IoT

表現力の豊かさを武器に躍進する動きのスペシャリスト

㈱活劇座

代表取締役 **古賀《こが》 亘《わたる》**

◆ **企業概要**

代 表 者：古賀　亘
創　　業：1999年
資 本 金：650万円
従業者数：６人
事業内容：モーションアクト総合コンサルティングサービス、
　　　　　モーションアクター育成
所 在 地：愛知県名古屋市中村区名駅南3-3-35 駒屋ビル4階
電話番号：052（526）7330
Ｕ Ｒ Ｌ：https://www.katsugekiza.com

声優はキャラクターなどに「声」を当てる職業だが、「動き」をつける職業があるという。近年の３次元キャラクターの動きは、一段と人間らしさを増している。その多くが人間の動きをデータ化してつくられたものだ。動きの専門家とはいかなるものか。日本で初めてモーションキャプチャーの専門会社を設立し、自らもモーションアクターの第一人者として活躍する㈱活劇座の古賀亘さんを取材した。

キャラクターに命を吹き込む

――モーションキャプチャーについて教えてください。

モーションキャプチャーとは、人間や物の動きをデジタルデータとして記録する技術のことです。モーションキャプチャーには、主に五つの撮影方式があります。ビデオ式、機械式、磁気式、慣性式、光学式です。

複数のカメラで動きを撮影するビデオ式は、従前からスポーツの試合やトレーニングなどで活用されてきました。それから撮影対象に計測装置を取りつける機械式ができ、さらに磁界発生装置を計測装置に用いる磁気式が開発されました。

最近は、慣性式と光学式が多く活用されています。慣性式は、体に装着した慣性センサーの速度・方位情報をパソコン上の骨格モデルに動きを当てはめていくものです。慣性式のメリットは、撮影場所の制約を受けないことです。外での撮影が可能なため、主に映画撮影で活用されています。デメリットは精度や耐久性がやや低いことです。

他方、光学式は、複数の専用カメラが光を使って「マーカー」と呼ばれる球体の位置を捉え、動きに反映させるものです。まず、体の関節に53個のマーカーをマジックテープで取りつけます。マーカーは撮影スタジオによって装着する数が多少異なります。指の動きまで収録する際は装着するマーカーが増えます。次に、スタジオに設置された複数の専用カメラから赤外光が照射され、マーカーがその光を直線でカメラに反射します。マーカーは再帰性反射材という特殊な素材でできていて、赤外光を入射角と同じ方向にまっすぐ反射することができます。各マーカーから反射された赤外光が再び専用カメラに映り、そのデータを記録してマーカーの移動値をパソコン上に出力します。パソコンで各カメラの位置情報とマーカーの移動値とを組み合わせると、マーカーの3次元位置情報が算出され、キャラクターの動きとして反映されるというわけです。光学式のメリットは、精度が高いことです。五つの撮影方式のなかで動きを最も緻密にデータ化できます。そのため3DCG、いわゆる3次元コンピューターグラフィックス上の人や物の動きの撮影にとても適しているのです。リアリティーを追求するゲームやアニメなどの制作現場では、キャラクターの動き一つ一つに高い精度が求められるため、9割以上が光学式を採用しています。デメリットは、専用スタジオでの撮影に限定されることですね。

当社は、創業した1999年からモーションキャプチャーによる演技や撮影に携わっています。創業当時は、磁気式と光学式の両方が主流でした。近年は自社スタジオでの収録をはじめ、撮影に必要な小道具・大道具の制作および貸し出し、コンサルティング、モーションアクターの人材育成なども手がけています。現在、国内唯一のモーションアクター専門会社として活動しているところです。光学式のスタジオだけなら自社で保有しているというゲーム会社やアニメ会社はいくつかありますが、当社のように、モーションアクトに精通した俳優陣も自社内に擁し、モーションキャプチャーに特化したビジネスを展開している企業は国内にないと思います。

――確かに、モーションアクターという言葉を聞いたのは初めてです。モーションキャプチャーはどのように活用されているのですか。

モーションキャプチャーはもともと、医療やスポーツの分野で人間工学を研究するために使われてきた技術です。その後、ゲーム業界やアニメ業界でも注目されるようになりました。ゲーム機の性能が向上し、2次元ではなく3次元で表現することができるようになってきたからです。特に導入が早かったのは格闘ゲームです。格闘ゲームでは、キャラクターのパンチやキックといった動作をモーションキャプチャーで取り込むことで、まるで本当に人間が闘っているような臨場感あふれるゲームが相次いで登場し、ゲーム業界に一大ブームを巻き起こしました。

アニメの制作現場でも大きな変化が起きました。これまでのアニメーターによる3次元画像の制作では、パソコン上でキャラクターを1コマごとに動かしていたため、膨大なデータ処理と時間を要していました。しかし、モーションキャプチャーの導入により動きが瞬時にデータ化され、作業効率が大幅に向上したのです。同時に、人間らしい滑らかな動きなども容易に再現できるようになりました。今や、実写と見まがうようなリアルな作品を見かけることが多くなりましたよね。

――古賀さん自ら演じるモーションアクターとはつまり、キャラクターに動きをつける仕事ということなのですね。

はい。モーションアクターはモーションキャプチャー技術を使って、キャラクターを演じる俳優です。声優が声の専門家だとすると、モーションアクターは動きの専門家だと思っています。

当社はゲームやアニメ、映画において、これまでに600タイトル以上の作品に携わり、数多くのキャラクターを演じてきました。モーションアクターは、作品の世界観はもちろん、各キャラクターの性別・年齢・性格、さらには主役か脇役か悪役かなどの役割も意識して演じる必要があります。一作品だけでも多数のキャラクターが登場しますから、それぞれの設定に合わせて一人で何役も演じ分けるスキルがいるのです。そうしたなかで、モーションアクターの技術力と表現力が培われたのだと考えています。

　また、当社はモーションキャプチャーのデータをＡＩに活用した「群衆シミュレーション」のソフトウエア制作でモーションアクターとして収録に参加しました。例えば、数千人規模の戦闘シーンがあるとします。この場合、大勢の戦闘シーンが必要になるので、撮影に時間がかかると思いますよね。ですが、何人かの動きを一度に撮影しておけば、あとはＡＩにより戦闘シーンを自動で制作することができます。ソフトに、「A軍１０００人対B軍１０００人の戦いで、5分後にA軍が勝つ」と設定すると、撮影データから適した戦闘シーン

同社のアクターたち

を抽出し、自動的に映像が作成され、A軍が勝つシーンを再現してくれるのです。大人数の戦闘シーンは、撮影に時間と労力を要します。AIを活用すれば、少ない演者でも大人数のアニメーションシーンが効率的に制作できるというわけです。モーションキャプチャーはAIとの親和性が高いと思います。

新たな専門職として唯一無二の存在に

——事業を始めたきっかけについて教えてください。

ゲーム会社から、3DCGキャラクターの動きを演じる仕事をいただいたのがきっかけです。格闘ゲームのキャラクターを演じました。オーダーに合わせて、動きを何パターンか提案し、撮影に挑んだところたいへん好評でした。キックやパンチ一つにしても、何通りもの動きのパターンがあります。どの動きが一番良いか、ゲーム会社の担当者と相談しながらキャラクターをつくり上げていきました。動きをつけてキャラクターに命を吹き込む仕事がとても楽しいと感じたのです。そこで、一人で複数のキャラクターを演じられるモーションアクターの仕事を専門化して事業にしようと決意しました。

わたしは、20歳代前半までテレビドラマや舞台に出演するアクション俳優・スタントマンとして活動していました。ですが、なかなか主役の座を射止めることができなかったのです。オーディションでは監督からよく「君は上手な演技をするのだが…」とコメントされていました。

俳優にとって一番の武器は何だと思いますか。個性です。どこか不器用なのだけれど、第一印象だけで見る人の心を引きつけてしまう俳優っていますよね。その人特有のオーラというのかもしれません。わたしにはその個性が足りない、だから主役としてスポットライトを浴びることがなかったのです。

俳優人生を歩むなかで、強い個性がないことをずっと短所だと思っていました。しかし、モーションアクターの仕事をするようになってから、考えが変わりました。この仕事は一人でいくつものキャラクターを演じるので、個性を必要としない。むしろ、個性や癖がないほうが、良い仕事をしやすい。今では、個性がないことが最大の強みだと思っています。カメラの向こう側にいる観客に向かって精一杯自分の演技を見せる。俳優としてこれほどの喜びはありません。

――個性がないことが武器になったわけですね。とはいえなじみのない仕事ですから、事業化に際しては苦労が多かったのではありませんか。

モーションアクターならではの苦労として、大きく二つありました。1点目はマーカーについてです。当初はマーカーが硬く、戦闘シーンや倒れる・転ぶシーンなど激しい動きは痛みに耐えながら撮影していました。また、表情を撮影するためにマーカーを顔につけることもありましたが、演技中に外れてしまい何度も撮り直すことがありました。モーションキャプチャー自体が、医療分野などの人間工学で使われていたため、マーカーが激しい動きに耐えられるよう設計されていなかったのだと思います。そこで仕入れ先と相談し、製造元に改良してもらうようお願いしました。そのかいあって、マーカーは柔らかく軽い素材に改良され、専用スーツも改良を重ね、動きやすくなりました。

2点目は演技についてです。キャラクター像や雰囲気など、作品によって求めるイメージが異なり、曖昧なオーダーを受けることが多々ありました。例えば、アニメキャラクターが「かわいく」ダンスをするというシチュエーションです。一言でかわいいダンスといっても、1990年代に登場した大人数のアイドルグループのような、フォーメーションを中心としたダンスなのか、あるいは1970年代のデュオアイドルをほうふつとさせるようなダンスなのかで雰囲気は異なります。実際のところ、ゲーム会社の担当者がイメージするかわいいは後者でしたが、当初は求められている演技のイメージがつかめないこともありました。

――お互いに手探りだったということでしょうか。

無理もありませんよね。彼らはゲーム制作のプロであり俳優に演技を指導するプロではないからです。映画監督のように演技のイメージを言葉や身振り手振りで表現することに慣れていないわけです。ですから何度も打ち合わせを重ね、いくつかのパターンの演技を提案します。モーションアクトの世界では実はこの時間がとても大切です。作品の世界観やキャラクターの個性を固めていく重要な工程だからです。ゲームで例えると、経験値を積んでレベルが上がったというところでしょうか。わたしたちは抽象的なオーダーに対して複数の動きを撮影・提案し、相手に選んでもらうようにしています。ダンスでいえば振付師、舞台でいえば演出家の役割を担いつつ、自分たちで演技もこなす。まさに動きをつける仕事なのです。

――ゲーム会社はこぞって御社に依頼するそうですね。

はい。大手のゲーム会社は、自社にモーションキャプチャーを撮影する、いわゆるモーションキャプチャースタジオを設けています。当社も普段はスタジオにお邪魔して演技・撮影しています。モーションアクターの仕事には、高い専門性が求められます。ありがたいことに当社はモーションキャプチャー創成期からキャリアを積み重ね、さまざまなノウハウをもっています。撮れ高やパフォーマンスのクオリティーの高さが強みでして、そういった点から当社に依頼が殺到しているのだと思います。

例えば、ゲームのキャラクターが「立っているシーン」を撮影するとします。前後左右から見た立ち姿や戦闘後に呼吸が乱れている姿など、多数のシーンを撮影する必要があります。演じる側がある程度、必要なシーンを想定しておかないと撮影はスムーズに進みません。また、腕組みやあぐらなどの体勢は、体につけたマーカーがカメラの死角に入りやすいためシステムがマーカーの位置情報を見失ってしまいます。あらかじめこうしたテクノロジーの癖を認識し、うまく演じるコツを熟知していなければなりません。このように、一朝一夕で動きを習得するのは難しく、モーションアクターを育成

撮影しながら仕上がりを確認する

するには時間もコストもかかります。当社のアクターは一人で何役ものキャラクターを自在に演じ分けできます。犬や猫などの動物から恐竜やモンスターなどを演じることもあります。演技の引き出しが多い点が、ゲーム会社はもちろん、アニメや映画などエンターテインメント業界でも当社が支持される理由だと考えています。

また、ゲームの仕様に合わせたアクションや演技を提供できるのも依頼される理由の一つでしょう。３ＤＣＧ特有の人間離れした動きを表現するのはたいへん難しいです。モーションアクターを専業とする当社だからこそ、モーションキャプチャーの仕組みを理解し、収録後の編集作業のことも考慮したパフォーマンスで、使い勝手の良いデータを提供することができるのです。

ちなみに、取引先の話では、難しいシーンを振付師やアクション監督に依頼すると「そんな動きはできない」と断られてしまうそうです。わたしは「現実ではできないけれど、ゲームの世界ではありだ、面白そう」と思ってチャレンジしています。今までにない発想から生まれた動きは、わたしたちからすると新しい動きの発見につながったりするのです。だからこそ、こうした依頼はアイデアをもらえてありがたいですし、自分たちも勉強になる。モーションアクターの仕事は本当に奥深いです。

次の担い手を育てる

――2020年3月に自社スタジオを設立されたそうですね。取引先から引っ張りだことなれば自社スタジオを構えなくてもよさそうですが、狙いを教えてください。

愛知県名古屋市に構えた「モーキャプスタジオ55」のことですね。開設の目的は、日本初のモーションアクター育成機関を創設するためです。

ここ数年、モーションキャプチャーの仕事はかなりの需要があります。ゲーム、アニメ、映画、音楽などさまざまなエンターテインメント業界から仕事が舞い込んできています。最近では、ゲームのなかでも携帯ゲームアプリが人気で、仕事が増え続けています。最近のアプリやゲームソフトはレベルアップや更新により、新しいダウンロードコンテンツが増えるため人気ゲームには終わりがありません。一つのゲームであっても、新コンテンツやスピンオフ作品の制作が決定するたびに仕事の依頼が入る状態です。どうしてもアクターを確保できず、制作スケジュールをずらしてもらったこともあります。

さらに、わたしも50歳を目前にして、モーションアクターのノウハウを次世代に承継していく必要があると考えるようになりました。この職業を、声優のような専門職として世間に知ってもらうためにも、当社が積極的に人材を育成していかなくてはならないと思うのです。

場所について検討しているとき、知人の紹介で名古屋市の「ＩＣＴ企業等集積促進補助金」を知りました。名古屋市はＩＴ企業の誘致を積極的に行っており、デジタルコンテンツやソフトウエア産業の活性化に注力していました。名古屋市からバックアップを受けられること、取引先の多い東京と大阪の中間地点でアクセスしやすいこと、わたし自身が愛知県出身であることなどから、名古屋市に自社スタジオを構えることに決めました。そしてスタジオ開設を決意した２０１８年、当社は本社を神奈川県横浜市から名古屋市に移転しました。

――反響はありましたか。

はい。まず、スタジオのオープニング記念イベントで、名古屋市長に来ていただき、実際にモーションキャプチャーとワイヤーアクションを体験してもらいました。メディアの取材もたくさんありましたので、モーションキャプチャーを知ってもらう良い機会になりました。

次に、スタジオの設立により、仕事の幅が広がりました。国内はもちろん、海外のゲーム会社から相談を受けることも増えました。海外の企業からの依頼は初めてではありませんが、これまでは現地のスタジオに赴いて現地のやり方で収録するものでした。しかし、最近は当社のスタジオで収録を希望されます。慣れた環境で仕事ができるため安心感がありますね。クライアントには、名古屋まで来ていただかなくても、オンラインで収録に参加していただくことが可能です。普段現場で立ち会いながら撮影している状況と大差なく、ストレスなく収録を進めることができます。移動時間が浮くので、アクターのスケジュールも組みやすくなります。ですから、今後は海外からの依頼にもっと対応できると期待しています。モーションキャプチャーの撮影内容はオンライン上で共有でき、離れたところにいる相手でもリアルタイムのやりとりが可能だからです。

もともとは、人材育成のために設立したスタジオですが、このように、いつでも演技・収録ができるようになりました。効率的に仕事ができるようになり、取引先にもメリットが生まれていると感じます。

完成した新スタジオ

モーションキャプチャーの可能性を広げる

――ＩｏＴを活用したリモート撮影で活躍の舞台が広がっているのですね。２０２０年は新型コロナウイルス感染症が世界を襲いました。仕事への影響は出ていますか。

先ほどお話ししたとおり、オンラインによる打ち合わせや撮影が増えました。当社のモーションキャプチャーはＩｏＴに対応していますので、コロナ禍でも問題なく仕事ができています。ただ、新型コロナウイルス感染症の影響で、２０２０年5月に予定していたモーションアクタースクールの開講は9月に延期となりました。スクールでは、モーションアクターの技術やノウハウをスムーズに教えられるように、カリキュラムを工夫したいと考えています。すでに、レクチャー用として、モーションキャプチャーについてパワーポイントや動画を作成して活用しています。

また、エンターテインメント業界以外からの撮影依頼にも協力しています。例えば、鉄道会社や自動車メーカーです。鉄道向けでは、シミュレーターに登場する乗客や歩行者の動きを演じています。メーカー向けですと、ゴーグルをかけて眼前に仮想現実を再現するＶＲの技術を使って工場内の危険動作を体験する映像制作に協力しました。そこでわたしは工場のなかで危ない動きをする人になりきりました。現実の世界は常に本番ですから失敗が許されません。この点、VRは練習に適しています。ほかにも、介護施設などにご利用いただいています。介護施設向けでは、要介護者の動きを再現しました。より本番に近い場面を再現するために、シミュレーションでわたしたちの演技が役に立てばありがたいです。

今後、3Dや3DCGを用いたモーションキャプチャー技術は、医療、教育、スポーツ、ロボット工学などあらゆる分野で活用され、市場はますます拡大していくと期待しています。民俗芸能や伝統芸能を継承するため、モーションキャプチャーを活用して人間国宝の動きをデジタルデータ化する取り組みなども行われています。わたしたちも、モーションキャプチャーの依頼を多方面からいただけるのはたいへんありがたく思っています。今後も社会に貢献していきたいと考えています。

エンターテインメント以外の分野でも活用が進む

――これからの展望を教えてください。

各方面からモーションキャプチャーについて依頼をいただきますが、アクターの数が圧倒的に足りません。ですから、アクターを育成していくこと、そしてモーションアクターという職業をもっとメジャーなものにしていくことがわたしたちの使命だと考えています。わたし自身は、人材が育ってきたら舞台から身を引き、経営者としてマネジメントに注力していきたいです。また、現場でのオーダーに柔軟に対応できるよう、演技の指示を出す演出家としての役割や取引先との調整役として撮影の進行をサポートしていきたいと考えています。

取材メモ

横浜市内のオフィスには、ゲームソフトやＤＶＤ、関連グッズやキャラクターのフィギュアなどが壁一面に飾られ、思わず見入ってしまった。いずれも、古賀さんや㈱活劇座が携わってきた作品なのだという。ゲームの制作期間は1年から2年で、長いものでは3年超になる。古賀さんは「現場では、クライアントの求めるイメージをいかに表現できるかが重要です。単純に流行を追った動きだけではなく、先を見通してどんな動きが最適なのかを常に意識しています」と語る。古賀さんの演技は、ゲームやアニメ、映画業界の最先端を担う可能性があるのだ。

また、古賀さんは「その人の演じるリズム感、絶妙な動きや独特の雰囲気をキャラクター越しに感じられるようになりました」と話す。キャラクターの動きだけで演者を見抜くのは、並大抵のことではない。これまで多数の作品に携わってきた古賀さんだからこそ気づけるのだ。まさに動きの第一人者として表現力と観察力を培ってきたたまものだろう。

最後に、この仕事をしていてうれしかったエピソードをお聞きしたところ、古賀さんは二つ話してくれた。一つ目は、モーションアクターとして海外のゲーム会社から依頼されたときである。これは国内だけでなく、海外にも通用するモーションアクターだと認められた証といえる。

二つ目は同社がかかわった作品が世界市場で大ヒットしていることを知ったときである。新作ゲームが発表・発売されると、大勢のゲームファンがオンライン上に集い、盛り上がる。また、世界各地にいるコアなプレイヤーはプレイの模様を動画サイトにアップし、テクニックをアピールしたり攻略方法を共有したりするのだという。古賀さんからすれば、自分の演技が動画サイトを通じて世界中に配信されるわけだ。「自分たちの手がけた作品を喜んでくれる人が世界中にいることを実感できたときは、本当にうれしいですね。モーションアクター冥利に尽きます」。古賀さんは世界を舞台に活躍する俳優なのである。

同社は、早くからモーションキャプチャーのニーズを見出し、エンターテインメント分野での事業化に成功した。最先端技術と自身の経験を生かした活動が、新たなビジネスチャンスを生み出したのである。近い将来、モーションキャプチャーはエンターテインメント業界だけでなく、介護や教育訓練といった多数の分野において需要が高まるに違いない。卓越した技術力と表現力を武器に成長を続ける同社は、最先端技術で新たなビジネスモデルを構築している小企業といえよう。

（近藤　かおり）

事例6 ビッグデータ

地道にためた膨大なデータを接客の隠し味に

㈱ス・ミズーラ

代表取締役 重岡《しげおか》 中也《ちゅうや》

◆ 企業概要

代 表 者：重岡 中也
創　 業：1996年
資 本 金：300万円
従業者数：５人
事業内容：イタリア料理店
所 在 地：東京都杉並区荻窪5-12-16
電話番号：03（6915）1836
Ｕ Ｒ Ｌ：https://drammatico.com

㈱ス・ミズーラが運営するイタリアンレストラン「ドラマティコ」は、東京都杉並区、荻窪駅から徒歩５分ほどの住宅街にたたずむ一軒家レストランだ。オーナーシェフの重岡中也さんは、顧客の好みや注文履歴といったデータを細かく記録し続け、サービスの品質を高める材料にしている。コロナ禍を乗り越える原動力にもなっているという独自のビッグデータについて、重岡さんにうかがった。

くつろげるレストランを目指す

――素敵なレストランですね。

ドラマティコは、２階建ての一軒家レストランです。１階はカウンター席をメインに10席を配置しており、カップルや少人数の友人同士の食事に最適です。２階はオリーブ色の壁紙で落ち着いた空間を演出しています。フロアにはテーブル席を７卓、計20席ほど用意しているのですが、間仕切りを使って二つの個室に分けることも可能です。お子さま連れやビジネスの接待、地域団体の会合などに活用いただいています。コロナ禍の前は、２階を貸し切りにしてパーティーを楽しむ方もいらっしゃいました。

当店のアピールポイントは、厳選した旬の食材を使った料理と、常時４００種ほどを用意するワインのラインアップです。ランチはお手軽なパスタセットが１８００円で、ディナーはコースが６５００円です。そのほかにグラスワインのコースを用意しており、食前酒、赤と白のワイン各２種、食後酒を、料理の相性を考えながら提供します。ディナーの１人当たり客単価は、約１万２０００円です。

わたしがドラマティコに入ったのは、１９９８年です。中学生の頃、ホームパーティーなどで家族や親戚に料理を振る舞うととても喜んでもらえ、その笑顔がうれしくてシェフを志しました。19歳で料理学校を卒業し、修業のために入ったのがこの店だったのです。

当時、店を切り盛りしていたのは神戸勝彦さんでした。テレビ番組「料理の鉄人」に出演し、イタリアンの鉄人として活躍していた方です。住宅街の奥まった場所にある店で、前を通ったお客さまがふらっと入ってくるような感じではありません。常連の皆さんが集まるこの店で、わたしはサービスの経験を積みました。２年間修業した後、神戸さんの独立をきっかけにシェフの座を継ぎ、その後、料理の腕を磨くためにイタリアへ修業に行きました。ドラマティコに戻り、㈱ス・ミズーラを設立したのは28歳のときです。当時のオーナーから店を引き継いで法人化し、それからずっと荻窪で営業してきました。

――２０２０年に入ってすぐ、新型コロナウイルス感染症が社会を揺るがし、飲食店全体に大きな影響がありました。

ほかの飲食店と同様、３月以降売り上げが急減しました。予約のキャンセルや営業時間短縮などの影響で、売り上げは一時、コロナ禍前の半分になりました。非常に困ったのを覚えています。ただ、感染者数が減少し、緊急事態宣言が解除された5月以降は前年並みに回復しました。来客数は元どおりとはいきませんでしたが、客単価が上昇したおかげです。コロナ前よりも上がったのには驚きました。

売り上げが早い段階で回復した背景を分析してみると、常連客の皆さんの応援のおかげであるとわかりました。当店の状況を気にかけ、「応援したいから」と言っていつもよりグレードが一つ高いワインを注文してくださったり、店内での食事に加えてお土産を注文してくださったりしました。当店も持ち帰り販売に力を入れようと努力していましたが、ただイートインからテイクアウトに切り替えただけでは、これほどの回復は難しかったと思います。さらに、感染対策としてマスクの着用をお願いしたり、時には来店される人数を制限したりするなど無理を申しましたが、皆さんに快く応じていただくことができました。店を継いで以来、お客さまの喜ぶ姿を何よりも大切にしてきた経営が、実を結びました。

落ち着いた雰囲気の店内

サービス向上にデータを活用

――日頃から良好な関係を築いてきたことが、ピンチを救ったのですね。顧客との関係を深めるために、どのようなことに取り組んできたのでしょうか。

関係を深めるのを目的にしてきたというよりは、まずはお客さまに喜ばれることを大事にしてきました。一人ひとりに合わせたサービスを提供し、お客さまにとってくつろげる店になることを心がけているのです。

来店いただいた方に喜んでもらうには、料理の味はもちろんのこと、質の高いサービスが不可欠です。当店のように比較的高級なレストランであれば、好みに合ったメニューの提案や、利用シーンに応じた演出などが重要になるでしょう。例えば、結婚記念日のお祝いで来店される場合、サプライズの一皿を用意したり、スタッフから祝意を伝えたりするといった工夫が考えられます。そうした細やかなサービスがお客さまの満足度を高め、店を愛してもらえることにつながっているのだと思います。

サービスを大事にしようと思ったきっかけの一つが、修業のためにイタリアに渡ったときの経験です。現地の店員はとてもフレンドリーで、食事中に「楽しんでいるか」「この料理、おいしいだろう」と気軽に話しかけてくれます。時には頼んでもない料理を「お薦めだから」と言って運んできたこともありました。そうしたやりとりを通して親しくなるうちに、店に通うのが楽しみになっていったのです。彼らの姿を見て、わたしもただ注文を聞くだけではなく、能動的にサービスを提供していこうと考えました。とはいえ、イタリアのフレンドリーな接客をそのまま日本にもってきても、皆さんに喜ばれるとは限りません。距離感が近すぎて嫌だと感じる方もいるでしょう。日本流のサービスを考えるうちに、まずはお客さまのことを知ろう、そのうえで一人ひとりに合ったホスピタリティーを提供しようと考えました。

そこで着目したのがデータです。料理の好み、どんなシーンでの利用か、記念日はいつかといった情報があれば、どういったサービスが喜ばれるかを予想することができます。接客するなかで聞いた情報を記録し、サービスの向上に生かしていこうというわけです。

データを蓄積するために当店が現在活用しているのが、クラウド型の顧客管理システムです。クラウドとは、特定のパソコンやタブレット端末のなかではなく、複数の端末からアクセスできるオンライン上のデータベースに情報を保存する仕組みです。データベースにはお客さまの好みや注文履歴などの情報が保存されており、スタッフは手元のタブレット端末やスマートフォンを使って店のどこからでも確認できます。こうした仕組みを導入することで、お客さまの情報を手軽に素早く把握し、臨機応変にサービスを提供できるようにしたのです。

データは、いろいろな方法を使って幅広く集めています。当店の場合、ほぼすべての方が予約したうえで来店されるので、予約の電話でお名前や連絡先、食材の好き嫌いといった基本的な情報をお聞きします。接客時の雑談では、料理の感想や来店のきっかけ、果ては趣味に至るまで、多くの話題についてお話を聞くことができます。会計のときには、オーダーの履歴を見ながら料理の感想や好みをうかがいますし、初めて来店されるお客さまには、ダイレクトメールを送るために住所をお聞きしたりもします。

言葉に表れない感覚的な情報も重要です。例えば食事のペースや料理を見たときの反応、同行された方との関係性などです。これらに対しても注意することで、サービスを提供するタイミングや会話のきっかけを考える参考になります。予約や接客、会計などどれも飲食店では当然の仕事ですが、そうしたなかで集められる情報は案外多いです。こうした情報は、営業が終わった後や接客の合間に、スタッフが手分けしてデータベースに入力しています。

専門家との共同開発作業

――「エクセル」などの一般的な表計算ソフトで顧客情報を管理している店も多いと思いますが、重岡さんはそうした方法を採らなかったのでしょうか。

　今のシステムを導入する前は表計算ソフトを使っていました。当店の顧客管理方法は、紙からスタートし、表計算ソフト、クラウド型のシステムへと進化しています。神戸シェフの時代には、紙の予約帳にお客さまの名前や連絡先、好みなどを簡単にメモしていました。店を継いだ後もしばらく同じやり方でしたが、予約帳は日に日に厚くなります。記録するだけならよいのですが、目当ての情報を探すのが大変になってきます。予約情報はお客さまごとに整理せず日付順に並べていただけでしたから、何度か来店されている方の情報を探そうと思うと、前回来店した時期を必死に思い出し、大体の見当がついたら一枚一枚紙をめくっていかなければなりません。探すのが大変になっていきました。

　これではせっかく蓄積している情報が宝の持ち腐れになってしまうと思い、表計算ソフトを導入しました。パソコン上で管理すれば、検索機能を使ってすぐに目当ての情報にたどり着けます。エクセルであれば広く使われているソフトですので、従業員が皆、操作しやすいと考えました。美容師の知人にフォーマットを借りてきて顧客リストを移したところ、狙いどおり検索の手間は減りました。しかし、長く使ううちに不便な点も明らかになってきたのです。

――具体的にどのような点でしょう。

まず感じた不便は、入力するのにも検索するのにも、毎回パソコンの前まで行ってソフトを起動する必要がある点です。データを入力すること自体が大変なうえに、入力を始めるまでにも手間がかかるとなると、情報をためていくのがおっくうになってしまいます。顧客リストが1000件を超えると、この点は一層悩ましい問題になりました。

さらに、店が繁盛しスタッフが増えるにつれて、新たな課題も出てきました。接客の合間にさっと確認しづら

データを確認しながらサービスやメニューを検討する

かったり、複数のスタッフが同時に見ることができなかったりしたのです。情報の蓄積と活用の両方がしづらくなってしまいました。

もっと便利なやり方はないかと思い、美容室向けに市販されているソフトなども試してみましたが、入力する項目がわたしの希望と合わなかったりして、なかなか理想のシステムには出会えませんでした。

そんなときに知ったのが、クラウド型のシステムです。きっかけは、店舗移転計画について金融機関に相談にしたときのことです。２０１３年ごろになると、ドラマティコ開店からずっと営業を続けてきたワンフロアの店舗が手狭に感じられるようになり、近所の2階建ての新店舗に移転する計画を立てました。

客席が二フロアに分かれた状態でも臨機応変にサービスを提供するためには、スタッフがどちらのフロアにいてもデータをチェックできる態勢を整備する必要があります。ただでさえ不便を感じていたシステムの刷新が急務でした。そこで、金融機関に移転資金の話をするときに、顧客管理システムを見直したいという相談もしたところ、システムエンジニアを紹介してくれたのです。

さっそく、紹介されたエンジニアの力を借りて、自前のシステムを開発することにしました。そこで提案されたのがクラウド型のシステムです。話を聞いて、これだと思いました。表計算ソフトでつくっていた顧客リストを見せながら、どんな項目を盛り込むか、どうやったら検索しやすいシステムになるかを相談し、システムの仕様を詰めていきました。顧客リストには、来店時の状況やワインの好みなどをきめ細かく記録できるようにしたほか、自由記述欄を広く確保し、気づいたことを何でも書き込めるように工夫しました。

顧客リスト以外にも、さまざまな機能をリクエストしました。例えば催事への出店記録を保存する機能やレシピを保存できる機能、設定した条件に合う顧客を絞り込んで、ダイレクトメール発送用の宛名をつくる機能などです。接客以外の業務でもデータを活用しやすい環境を整えようと考えました。

エンジニアと二人三脚で1年ほど開発を進め、出来上がったのが今のシステムです。2015年に店舗を移転したのに合わせて、新システムを使い始めました。表計算ソフトを使いながら基本的な操作方法やITリテラシーを身につけていたため、導入はスムーズに進みました。また、新システムはもともとあるパソコン上で動作するように設計していたので、開発費のほかには数台のタブレット端末を導入する費用しかかからず、コストを抑えることができました。

――専門家の力を借りることで、悩みの種だったシステムの問題を克服したのですね。専門家の方との意思疎通などで苦労はありませんでしたか。

専門家の力を借りることができ、とても心強かったです。表計算ソフトなら多少の知識があれば自力で導入できますが、より複雑なシステムの開発となるとそうはいきません。もし自分たちで一から準備をしていたら、ノウハウ不足でどうなっていたか。想像もつきません。

意思疎通には苦労しませんでした。仕様を打ち合わせるとき、もともと使っていた顧客リストをたたき台として使うことで、イメージを共有できました。また、これまで感じていた不便から、欲しい機能ははっきりしていたので、具体的に要望を伝えることができました。

2000件を超えるデータが後押し

――クラウド型システムを導入して、どんな効果がありましたか。

大きく二つあります。一つは、業務の効率化です。店内のどこでもデータを見られるようになったので、移動の手間が減り、オペレーションが改善しました。仕事の引き継ぎや従業員教育も効率化できました。常連のお客さまを担当するスタッフが交代しても、タブレット端末を数回タップするだけでお客さまの情報を呼び出せます。情報共有にかかる時間が減ったことで、接客やレシピの開発などのクリエーティブな業務に割ける時間が増え、従業員の意欲向上にもつながりました。

新メニューの開発にも、システムを活用しています。新システムの導入により、以前はシェフ一人ひとりの頭のなかにしかなかったアイデアや過去のレシピを、誰もが見られるようになったのです。今では1000種類以上のレシピがデータベース化されています。おかげで、すでにあるレシピ同士を組み合わせたり、過去に提供していたメニューの一部をアレンジしたりして、新メニューにするなど、シェフのアイデアを形にしやすくなりました。

最初こそデータを記録するのが手間だというスタッフもいましたが、なぜデータが大事か、どんなメリットがあるかを理解してもらいながら、入力を呼びかけ続けました。やがてデータが実際に役立つ場面が増えてくると、スタッフが自発的に入力してくれるようになり、データベースはさらに充実していきました。

店の運営が効率的になったことで、わたしが地域活動に割ける時間が増えるという効果もありました。周辺の若手経営者と一緒に地域情報誌『オギボン』をつくったり、ご当地カレー「荻窪名店イタリアンカレー」を監修したりしています。そうした活動を通して当店のことを知ってもらえたり、地域活動で知り合った方が来店してくれたりして、結果的に新規顧客の開拓にもつながっています。

――定期的に催事に出店し、そこでもデータを上手に活用しているそうですね。

大いに活用しています。時々百貨店のイベントなどに出店してきましたが、実は催事ならではの苦労がありました。出店スペースの大きさや調理場の有無によって提供できる商品が変わるからです。普段店で出している料理とは違う、例えばつくり置きできる、冷めてもおいしいといったメニューが必要になります。とはいえ、催事のたびに一から企画を考えるのは骨が折れる作業です。過去の出店時の態勢やメニューなどをデータ化して探しやすくしたことで、どのような出店条件でも柔軟に対応できたり、主催者に企画を提案しやすくなったりしました。

また、百貨店へのデータ提供が求められるという事情からも、データの整備は役立ちました。催事に出店するときは、カロリーから材料の仕入れ先に至るまで、細かなデータを提出する必要があります。その準備も簡単になりました。催事に参加しやすい環境をつくることができたと思います。さらに、催事向けの商品を、テイクアウトや当店のオンラインショップで販売することができました。少人数の企業ながら物販事業に力を割けるのも、データ活用の成果だと思います。

――もう一つの効果は何でしょうか。

売り上げを増やすことができました。システムの導入前と比べて、客単価はおよそ20パーセント、売り上げの総額はおよそ50パーセント増えています。高級感のある店舗に移転したことで料理の単価を上げられたという要因もありますが、データを活用しやすい環境を整えたことも大きく貢献していると感じています。

最もわかりやすい効果を一つ挙げると、メニューの提案です。お客さまの好みに応じた提案がしやすくなりました。特にワイン選びです。ワインは種類も価格も千差万別なので、実は「今日のお薦めは？」と聞かれたとき

所狭しと並ぶワイン

の回答がとても難しいんですね。お客さまの好みを熟知していない場合には、勘に頼らざるをえません。しかし過去のデータを使えば、以前頼んだワインが赤なのか白なのかロゼなのか、どういったワインをおいしいと感じたのか、いくらぐらいの価格帯のものであれば喜ばれるのか、といったことがすぐにわかります。こうしたデータを踏まえてメニューを提案すれば、お客さまにご満足いただけて、また来店しようと思ってもらえます。また、注文いただく点数が増えたり、ワンランク上のものを選んでもらいやすくなったりすることで、客単価のアップにつながります。そのほかにも、ダイレクトメールでの特別メニューの案内といった、来店のきっかけづくりがしやすくなり、一度来店したお客さまに定期的に通ってもらいやすくもなりました。

こうした取り組みを進めることで、一度来店したお客さまが二度目も来店される、二度目の来店で満足いただいてまた次の来店につながる、そしてデータも蓄積される、といった流れを生み出すことができ、今や常連客の比率が9割を超えています。お客さまに関する幅広いデータと、使い勝手の良いシステムという両輪がうまくかみ合った成果かなと思います。

現在、データベースに登録しているお客さまの数は約2000人です。一時は5000人を超えていたリストを整理しましたが、それでも人がこれだけの量を覚えておくのは不可能です。あるスタッフが聞いた情報を、ほかの人に共有するのにも限界があるでしょう。システムが人間の記憶を補うことで、多くのお客さま一人ひとりにより合ったサービスを提供できるようになったのです。

――データやシステムが、人間の苦手な部分を補ってくれているのですね。人とシステムの役割分担については、どのように考えていますか。

お客さまに喜んでいただくためにどんな接客をすればよいか。これは人が考え、人が担うべきことです。データやシステムはあくまでサポートツールだということを常々意識しています。この主従関係が逆転し、データを使うこと自体が目的になると逆効果になってしまうことに、あるとき気づきました。

スタッフがお客さまに「前回注文された肉料理と同じものでよろしいですか」と尋ねたことがありました。お客さまの希望に沿っていれば喜ばれるでしょうが、ほかのメニューを頼もうとしていたなら、気分を害されるかもしれません。これみよがしにデータを使うのではなく、まずはお客さまの要望にしっかり耳を傾け、ここぞというところでさりげなく活用する必要があります。料理を引き立てる隠し味のようなものです。お客さまに喜んでいただくためにデータをどう使うか、まさに人間の腕が試されるといえるでしょう。今後もデータを活用しやすい環境を整えつつ、自分自身やスタッフの接客スキルも磨き、より良いサービスを提供していきたいですね。

取材メモ

重岡さんはデータを活用することで、作業を効率化し、売り上げを伸ばした。成功の要因は三つある。

一つ目は、データを集める数々のチャンスを見逃さなかったことだ。予約の電話や店での注文といった、レストランには当たり前にある顧客との接点を、相手のことを知る絶好の機会ととらえ、丁寧に活用した。そして見聞きした情報を地道に記録したからこそ、今がある。２０００件のデータは、ドラマティコに欠かせないビッグデータといえる。

二つ目は、データを活用しやすい環境を整えた点である。事業の拡大や保有するデータ量の増加に合わせて、予約帳から表計算ソフト、クラウド型システムへと道具を変えていくことで、蓄積したデータが死蔵されてしまうことを防いだ。

三つ目は、自社で試行錯誤しつつ、要所で外部のノウハウを借りたことだ。同社は、予約帳やエクセルでの情報管理に取り組みつつ、そのなかで明らかになった課題を解決するために外部の力を借りた。問題意識が明確だったからこそ、かゆいところに手が届くシステムを導入することができ、データの活用を促進した。

ドラマティコの看板メニューは、神戸シェフの時代からずっと、ワタリガニのトマトソースパスタだそうだ。これは神戸シェフが開発し、日本で初めて提供したといわれている。重岡さんは下積み時代、来る日も来る日も、夜中までワタリガニの殻をむき続けていたという。取材のとき、重岡さんに「顧客のデータを1件1件、料理の好みから会話の内容に至るまで記録するのは大変ではありませんか」と尋ねると、「夜中までカニをむいていたあの頃に比べれば、大したことはありませんよ」と笑っていた。料理でもデータ活用でも、顧客の笑顔のために地道な作業を積み重ねてきたことが、人気の獲得につながっている。

（星田　佳祐）

事例7　IoT、ビックデータ

現役レーサーが追求するリアルな運転感覚

㈱アイロック

代表取締役　古賀《こが》 琢麻《たくま》

◆ 企業概要

代 表 者：古賀 琢麻
創　　業：2004年
資 本 金：300万円
従業者数：16人
事業内容：自動車部品・ドライビングシミュレーターの製造販売
所 在 地：愛知県名古屋市天白区福池2-350
電話番号：052（895）3511
U　R　L：http://www.t3rs.net

㈱アイロックの古賀琢麻社長は、米国の自動車レースであるNASCARシリーズに参戦する現役のレーサーである。10年間レースから離れていた古賀社長は、復帰に当たり体の感覚を取り戻すためにドライビングシミュレーターの開発を始めた。プロレーサーの感覚に最新のテクノロジーを注ぎ込んだドライビングシミュレーターは、自動車業界のみならず、わたしたちのくらしの安全を守るための活用が始まっている。

リアルな車を再現

――ドライビングシミュレーターについて教えてください。

見た目はゲームセンターにあるレースゲームの筐体《きょうたい》に似ているかもしれません。ただし、本物の自動車で使われているものと同じハンドルやシート、アクセル・ブレーキペダルなどのパーツを使い、運転席を忠実に再現しています。シートは車の挙動に合わせて動きます。

特徴はいくつもあるのですが、代表的なものを二つ挙げましょう。一つは、専用のゴーグルを装着することで目の前に仮想現実を再現するＶＲ技術を使っている点です。運転席につくと、ドライバーはＶＲゴーグルを装着します。すると目の前にハンドルやインパネ、そしてフロントガラス越しに車両前方の景色が広がります。バックミラーやサイドミラーをのぞき込めば車両後方の様子がわかりますし、後ろを振り返れば同じ光景を肉眼で確かめられます。本当に運転席に座っているのと同じ感覚を味わうことができるのです。近年急速に発達しているＶＲの技術進歩には驚くばかりです。ＶＲゴーグルの映像は、筐体の前に設置した大型液晶モニターでも見ることができますから、シミュレーターに乗っていない人もすぐ脇で運転手の視野の動きを知ることができます。

もう一つは、乗る車を選べる点です。実際に生産され、レース場や街中を走る車と同じ挙動をシミュレーター上で再現しています。乗り味という言葉を聞いたことはあるでしょうか。乗り心地と言い換えてもよいのですが、車によって違うのは何となくわかりますよね。例えば、ハンドルやペダルを操作する際の重みや振動の感じ方は車種や装備によって異なります。車のサイズやボディーの剛性、装着しているタイヤの大きさ、そしてエンジンをコントロールするソフトウエアの設定など大小さまざまな条件で車の乗り味は決まります。

――たくさんのデータが必要になりますね。

当社は自動車メーカーと協力して乗り味を決める膨大なデータを集め、シミュレーターのソフトウエアを介して乗り味を再現しています。アクセルの吹け具合も設定で変えられるのですよ。

もちろん、車側の条件だけでなく、運転条件の違いによる乗り味の違いも再現可能です。季節や天候などによって路面状況は大きく変わりますし、運転時間帯が変われば視界も変わります。例えば、路面が凍って滑りやすい雪道の運転や視界が急に悪くなる夕暮れの運転など、事故の起こりやすいシチュエーションを再現することができます。こうしたときに乗り味がどう変わるのかを体感することもできるわけです。

このように当社のシミュレーターはとことんリアルを追求し、そしてさまざまなカスタマイズが可能なマシンなのです。乗車した方の感想を聞くと、「すごい」「運転が楽しい」という声や、「怖かった」「ちょっと酔ってしまった」といった声が寄せられます。それだけリアルだということですから、開発者としてはうれしいリアクションです。

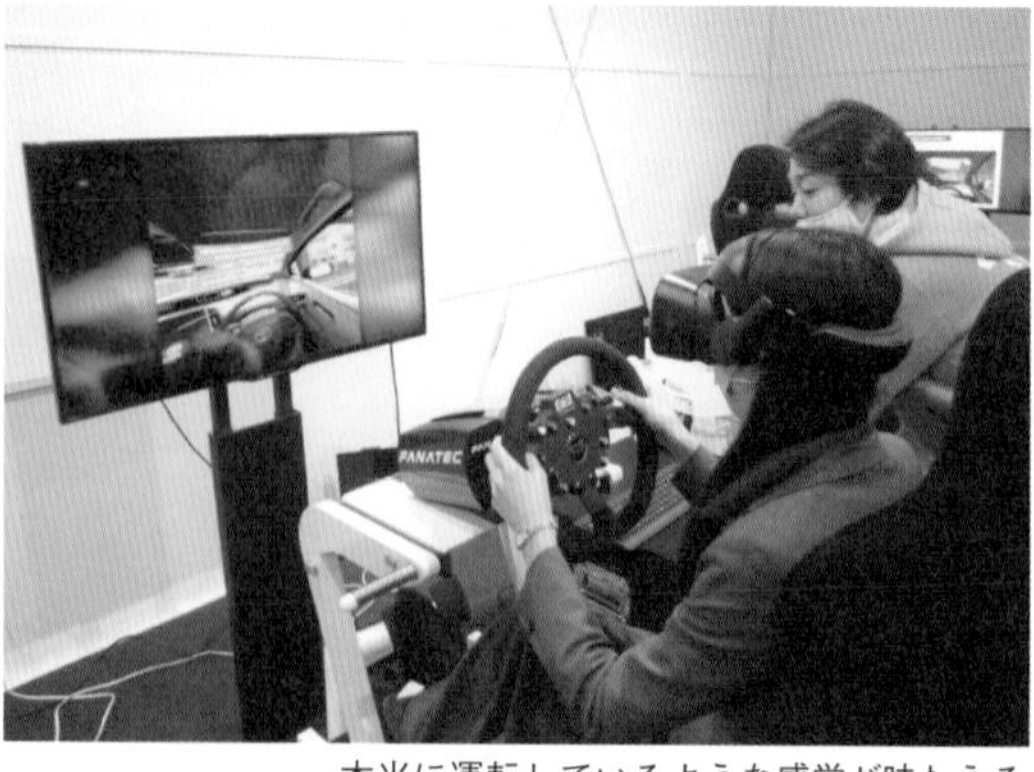

本当に運転しているような感覚が味わえる

――実物を見ると意外にコンパクトで驚きました。とはいえこれだけの機能を搭載しているとなると価格は高いのでしょうね。

確かに、サイズについては多くのユーザーに驚かれますね。設置に必要な面積は畳1畳ぶんほどです。自宅の部屋に置ける大きさというわけです。筐体にキャスターをつければ押して運べますし、大型バンの後部荷室に載せて運ぶことも可能です。

価格は1台約500万円です。実はこちらもたいへん驚かれます。というのも自動車メーカーが独自に開発していた従来のシミュレーターの多くは実車をベースに、車種ごとにつくっているので小さくても体育館1個分ほどのスペースを必要とし、多額の費用がかかっていたからです。自動車メーカーが開発しているシミュレーターは、そもそも持ち運ぶことを前提にしているわけでもありません。コンパクトで取り扱いやすい点が、当社のシミュレーターの売りです。

多様な活用シーン

――ドライビングシミュレーターはどのようなユーザーが使っているのでしょうか。

納入先は大きく三つあります。一つ目は自動車ディーラーです。新車の試乗体験にシミュレーターを使っていただいています。店頭に実物がなくても、機能や運転感覚を顧客に体験してもらうことができるのです。例えば、エンジン性能の高さをアピールするため、思い切りアクセルを踏み込み続けたときの加速を体験してもらいたいと思っても、公道ではできませんし、広いレース場が販売店の近くにあるわけでもない。こういったニーズに応えられるのが当社のシミュレーターです。

安全運転機能のデータも搭載できるので、事故発生時の状況を体験してもらうこともできます。例えば、コンビニの駐車場でアクセルとブレーキの踏み間違いをするというシチュエーションがあります。アクセルを強く踏むと、安全運転機能が稼働し、ピーピーという警告音が鳴り、自動でブレーキがかかります。一方、アクセルをゆっくり踏むと、安全運転機能が働かず、車はコンビニに衝突してしまいます。

安全運転機能がどう作動するのかを知らず、自動ブレーキがかかったときに、いきなり警告音が鳴ると、焦ってしまう人も多くいます。実際に事故を体験することはできないので、シミュレーターで安全運転機能の作動の仕方を事前に知っておくことで、安心につながります。

販売店側にすれば、安全運転機能を体験してもらうことで、いざというときのために必要な機能であることを顧客に訴えることができるわけです。進化し続ける車の性能をアピールするのにうってつけのツールといえるでしょう。

――事前にさまざまな機能を体験できることで、安心して車を購入できそうです。車の開発にも役立っていると聞きました。

二つ目の納入先である自動車メーカーのことですね。開発段階で当社のシミュレーターを使っていただいています。実際の車のデータをシミュレーターに反映させるだけではなく、シミュレーターで取得したドライビングデータを、今度は車づくりに還元しているのです。

例えば、衝突事故のシミュレーションであれば、運転者ごとに事故時の侵入速度やブレーキを踏むまでの時間、目線の変化といったデータを集めることができます。実際の車で行うとなると、運転環境をそろえるために一度に多くのテストドライバーを呼ぶなどの制約が生まれるので、データ収集が大変です。この点、当社のシミュレーターであれば、運転する季節や天候、時間帯などの条件を指定できます。ＩｏＴとしての機能も備えているので、別の場所にいても遠隔操作で同じ条件を複数

大型ガレージを思わせる本社

台に設定できます。効率的に多くのデータを集めることができるのです。
　これらのデータから、どういう状況で事故が起こりやすいかを年齢、性別といった運転者の属性ごとに分析できます。当社は自動車メーカーと協力し、実車とシミュレーター両方から得られるデータの活用を進めています。日々蓄積されていくこれらビッグデータの活用は、ますます進んでいくでしょう。当社のシミュレーターはより良い車づくりに貢献できると思います。

――車の開発にも役立っているのですね。自動車産業にかかわる企業だけでなく、個人の方も購入できるのでしょうか。

　可能です。三つ目の納入先は個人のお客さまです。当社のシミュレーターは本格的でありながらコンパクト、しかも持ち運べるとあって、自宅の一室にシミュレーターを置く自動車愛好家が多くいらっしゃいます。車は何台も所有しているけれど、遠くまで出かける時間がないからシミュレーターで気軽にドライブしているよ、という声をよくいただきます。高級車を1台買うよりもシミュレーターを買ったほうがよいというユーザーもいるくらいです。

社長であり現役のレーサーである

――ドライビングシミュレーターを開発したきっかけを教えてください。

もともと当社は、２００４年にカスタムカーや車のアクセサリーの販売を手がける会社としてわたしが立ち上げました。26歳のときで、レースを続けながらの創業でした。その後、さまざまな事情が重なって29歳のときから10年間、レースを離れました。２０１６年、レースに復帰することを決めたとき、ブランクを埋めるためにまずは練習しなければと考え、シミュレーターの活用を思いつきました。

しかし当時、過酷なレース環境を想定したシミュレーターはなく、本番と同じように運転するとペダルが踏み込んだ勢いで折れてしまったり、ハンドルが激しい操作に耐えられず外れたりと、壊れてしまうものばかりでした。そこで、自分でシミュレーターを開発しようと思ったのです。

３Ｄゲームの制作会社に勤める車好きの知人がいたので、開発できないか相談しました。当時、彼が勤め先で開発していたのはレースゲームだったのですが、重力を感じられて体が動いてしまうほどリアルなシミュレーターを目指したいと話したところ、当社に移籍し開発を進めてくれるということになりました。コンピューターの高機能化が進みゲームの制作環境が大きく発達していたこともあるのでしょうが、何よりわたし自身が時速３００キロメートルで走るレースの世界を知り尽くしていることに、実現の可能性を見出してくれたようです。

開発したシミュレーターを自動車の展示会に出してみたところ、自動車メーカーなどの間で話題になりました。それから本格的に開発を進め、モーターショーや新車展覧会の会場に置いてもらえる機会が増えていきました。

当社には自動車メーカーやゲーム業界での経験があるエンジニアが15人集まっています。年代は20歳代後半から40歳代と比較的若いでしょうか。最先端技術の進化に置いていかれないよう、皆、スピード感をもった開発を意識しています。

レース用のシミュレーター

――レースの感覚を取り戻すために開発したのですね。シミュレーターがあれば、どこでも練習をすることができそうです。

わたしは２０００年から米国のＮＡＳＣＡＲシリーズに参戦しています。これまでの練習では、米国でしかできないことがありました。温度や湿度などの現場のコンディションによって、車の走りが変わってくるからです。しかし、シミュレーターを使うことで、季節や天候、時間帯などのデータを落とし込み、日本にいながらも米国のレース場と同じ環境で練習できるようになりました。

先ほどお話ししたように、このシミュレーターはＩｏＴに対応していますので、日本に置いているシミュレーターと米国に置いているシミュレーターをつなげれば、現地にいるメカニックのスタッフと走り具合を共有できますし、レースに向けて最適なパーツの組み合わせを仲間と一緒に検討できるのです。

シミュレーターで練習時のドライビングデータを収集し、自分の運転技術の向上にも役立てています。走行時にタイヤがどのくらいつぶれたのか、重さがどのくらいかかったのかなどのデータを残せます。実際のレースでは０・１秒を争います。わずかな動作の違いがタイムにかかわります。自身の運転の記録を蓄積していくことで、自分の運転の癖に気づくことができました。シミュレーターのおかげで、レースドライバーとしてのスキルアップに確実につながっていると思います。

安心して車を運転できる社会へ

――ドライビングシミュレーターが使われているのは、自動車業界だけではないようです。

自動車業界のみならず、映画やゲームなどエンターテインメントのイベントにもシミュレーターが使われることがあります。以前ホテルを会場として行われたイベントでは、シミュレーター上でホテルの敷地を1周するという、実車ではできない体験を提供しました。

顧客のリクエストをもとにさまざまなバリエーションをつくっていきます。どういう人に、どんな気分でこの車に乗ってほしいのか。シミュレーターならではの楽しさを味わってもらいたいと考え、イベントなどで気軽に使ってもらえるようにと、レンタルも開始しました。1日1台約20万円です。インストラクターも一緒に派遣するので、安心して楽しめます。

――交通安全講習でもドライビングシミュレーターが活用されているようですね。

あおり運転やアクセルとブレーキの踏み間違いなどの対策のために、交通安全講習でも使用されるようになりました。２０２０年9月には、名古屋市の中村警察署が開催した秋の交通安全講習でシミュレーターを使っていただきました。そこでは、後ろを走る車に車間距離を詰められるという場面を再現し、高齢者ドライバーやタクシー運転手の方に体験してもらいました。

あおり運転も交通事故と同様、事前に体験できません。実際にあおり運転に遭遇した場合、あおられる側の運転手は焦ってしまい、バックミラーばかりを見て前を見ず、自ら事故を起こしてしまうケースも多くあります。

あおられたときどうなるかを知っておくことで、落ち着いて対応できるようになります。あおられても焦らず、安全な速度を保ち、サービスエリアなど安全な場所に避難するなど適切な対応をとりましょう、と言葉で説明することは簡単です。しかし現実には難しい。だから、シミュレーターを使って事前に対処法を学び、危険を回避してほしいと思います。

この交通安全講習は後日、大きな反響がありました。高齢者ドライバーに向けて注意を呼びかける報道もあれば、タクシー運転手の技術向上に取り組む最先端事例として紹介する報道もありました。これらの報道から感じたのは、当社のシミュレーターが交通安全の未来に役立てられるのではないかということです。最近は安全運転の促進のために、運送会社のトラックドライバーの研修や、自動車学校でもシミュレーターを利用してもらう機会が増えています。

――ドライバー安全運転の意識が高まることは、社会的にも意義があるといえそうです。

シミュレーターでの体験が、自分や家族の運転を改めて見直すきっかけになればよいと思います。車は多くの人にとって身近なものではありますが、その構造は複雑で、扱いも容易ではありません。あくまでも人間がコントロールするものだという意識が必要です。シミュレーターで客観的に自分の運転を見つめ直すことで、交通安全に対する意識も変わってくるのではないでしょうか。

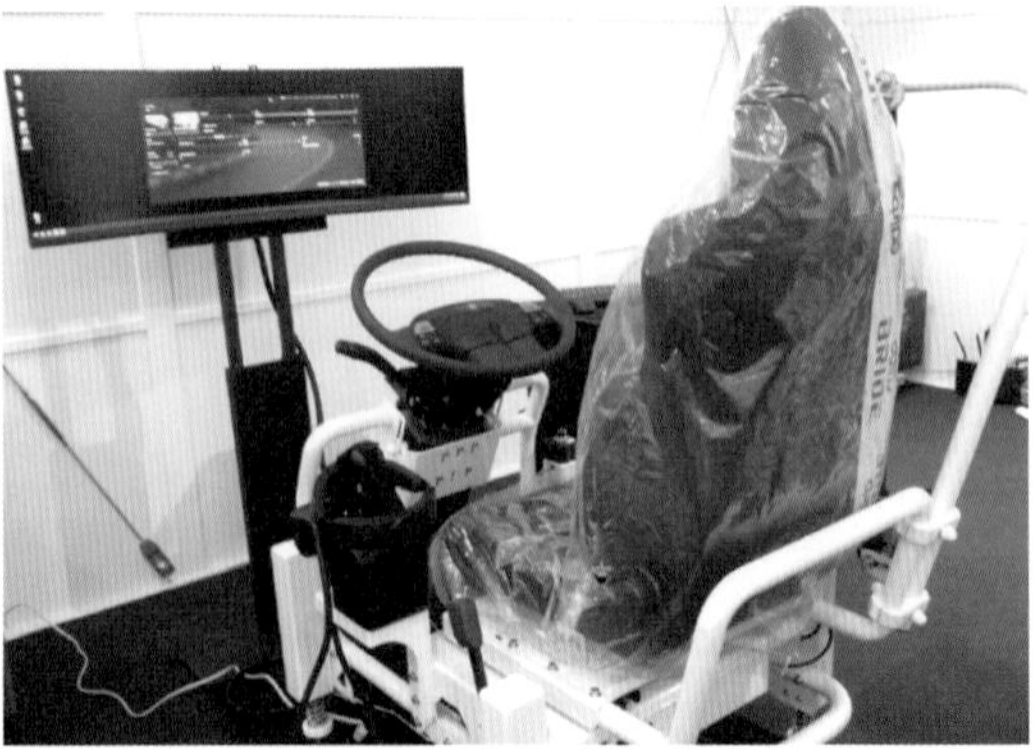
大型トラック用に開発したシミュレーター

当初は自分のレースの腕を上げるためにシミュレーターを開発しましたが、リアルな自動車の開発や、ドライブを楽しむこと、そして安全運転の促進にまで役立ててもらえるようになりました。自分のレーサーとしての経験に、最先端の技術が加わったことで、多くの人に役立つことができたと思います。

ＶＲゴーグルを装着してハンドルを握る時代がやってくるとは思ってもいませんでしたが、当社のシミュレーターはこれからの社会に必要なものになっていくと確信しています。誰もが安心して車の楽しさや利便性を享受できるよう、これからも運転技術の追求はもちろんのこと、ＩｏＴやビッグデータなど最先端技術もキャッチアップしていきたいと考えています。

取材メモ

取材の後、シミュレーターを体験させていただいた。運転席に座ってシートポジションを調整し、ＶＲゴーグルを装着する。すると、まるで車に乗っているかのような空間が現れた。運転席の窓から体を乗り出すと、外の景色が見える。エンジンをかけると、車体が少し揺れた。

今回は、コンビニの駐車場でアクセルとブレーキを踏み間違えるシチュエーションを体験した。従業員の方に丁寧にアシストをしていただき、運転を始める。「アクセルを思い切り踏んでください」という声に合わせて足元を操作すると、安全運転機能の警告音が鳴り自動でブレーキがかかった。次は「アクセルをゆっくり踏んでみてください」。そろりとアクセルを踏むと安全運転機能は働かず、車はコンビニに衝突した。思わず叫び声が出てしまった。ほんの数分間、わたしは椅子に座っていただけなのだが、実際に運転したかのような衝撃と怖さを覚えた。

㈱アイロックの事務所には、現役のレーサーでもある古賀社長が実際のレースで使ったレースカーやスーツが置かれていた。本物のレースカーは運転席のドアが開くようになっておらず、ドライバーが窓から乗り込むという。時速300キロメートルのレースに耐えるために機能を絞り、とにかく剛性を重視した設計にしているそうだ。高速道路の運転さえおぼつかないわたしにとっては、想像できない世界だ。わずか0・1秒が勝負を左右する厳しい戦いである。車の性能を知り尽くしていなければ、とうてい生き残れない。

古賀社長は自動車業界についても熟知していた。だからこそ、シミュレーターを自身の練習に活用するだけではなく、実車の開発に活用するという新たな価値を、自動車メーカーに提示できた。とことんリアルを追求したシミュレーターは高く評価され、活用の場が一般ドライバーにも広がっている。古賀社長はレーサーとしての経験にIoTやビックデータなどの最先端技術を組み合わせることで、車と車のある社会の未来を変えようとしている。

（秋山 文果）

事例8　AI

AIで卒業アルバムづくりの可能性を広げる

㈱石引写真館

代表取締役　石引《いしびき》　卓《たかし》

◆ **企業概要**

代 表 者：石引　卓
創　　業：1953年
資 本 金：1,000万円
従業者数：11人
事業内容：写真館、卒業アルバム制作
所 在 地：茨城県取手市東3-1-21-2
電話番号：0297（72）0280
U R L：https://www.ishibiki-ps.co.jp

㈱石引写真館は創業以来、家族写真や晴れの日の記念写真など地域の人たちの大切なひとときを撮影し続けてきた。創業から約70年の月日が流れるなかで卒業アルバムづくりも手がけるようになった。たくさんの子どもたちやその家族に喜んでもらえるアルバムを一冊にまとめ上げるまでに大変な手間暇がかかる。石引卓さんはそうした卒業アルバムづくりの既成概念を変えようとAIシステムの導入を決めた。

人手が必要なアルバムづくり

――石引卓さんが３代目だそうですね。

わたしの祖父が１９５３年に石引写真館を茨城県取手市で創業しました。そのころは七五三や成人式、婚礼、出産など地域に住む人たちの記念写真の撮影がほとんどでした。父が社長に就任した２０００年ごろから市内の学校から卒業アルバムの依頼を受けるようになりました。近隣にある写真館では後継者の不在のため廃業が相次ぎ、卒業アルバムづくりを引き継いでほしいという依頼が増えていったのです。わたしが社長に就任した２０１３年には卒業アルバムの売り上げがスタジオ撮影を逆転しました。現在では、売り上げの６割を卒業アルバムが占め、幼稚園から高校まで合わせて14校のアルバムをつくっています。学校のエリアは市外にも広がり、守谷市やつくばみらい市にも出向いて撮影しています。

――卒業アルバムはどのようにつくるのでしょうか。

入学式の撮影を皮切りに、毎年の運動会や修学旅行などに同行して写真を撮りためていき、卒業年の12月ごろまで撮影を続けます。併せて、写りの良い写真を大まかにピックアップしておきます。12月下旬になるとアルバムに載せる写真選びやレイアウト決めがスタートします。従業員総出で生徒一人ひとりの顔を覚えて、全員がまんべんなくアルバムに載るように写真を決めるのです。小学校の場合は撮影期間が６年と長く、写真の枚数が多いのに加えて成長で顔立ちが変わるため大変です。従業員１人が覚える生徒の顔は１０００人を超えます。写真を選ぶ時間を合わせると会社全体で年間８０００時間にもなります。

アルバムに載せる写真が決まり、レイアウトが整ったところで、担任の先生に確認してもらいます。必要に応じて写真を差し替えたり、配置を変えたりして学校からＯＫが出たら、２月に印刷・製本となります。年末から卒業シーズン直前までの２カ月間に一気に14校のアルバムを仕上げなくてはいけないため、休む暇もありません。

2019年にリニューアルした本社

――アルバムづくりはとても手間がかかるのですね。先生が写真を選んだほうが効率的ではないかとも思うのですが。

確かに、そのほうが当社の仕事は減り、楽になるのは間違いありません。ですが、複数のクラスがある場合は担任の先生同士ですり合わせをする必要があり、かえって手間がかかる可能性があります。さらに、卒業年次は修学旅行や卒業式など行事が多く、写真がすべて撮り終わる12月は受験や就職を控える生徒のフォローや卒業に向けた準備などで先生たちは忙しくなります。学校側の事情に配慮して、アルバムづくりを一貫して任せてもらうことで、学校と長期的な関係を大切にしたいと考えています。

また、アルバムを楽しみにしている生徒や保護者といった地域の人たちに貢献したいためでもあります。もしアルバムに載る生徒に偏りがあったとしても、保護者から直接、当社にクレームを言いに来ることはないでしょう。ただ、学校と保護者の間でトラブルとなれば、せっかくの思い出の品も台無しになってしまいます。保護者や生徒に満足してもらえるような卒業アルバムの制作で、地域の人たちに貢献したいと考えており、妥協したくないのです。実際、学校行事に出向いて撮影を続けてきたことで生徒との関係づくりにもつながっています。成人や結婚、出産といった人生の節目に記念写真を撮ってほしいと写真館に訪れてくれています。

しかしながら、採算面に目を向けてみると年々厳しさを増していました。卒業アルバムの依頼が増えて会社全体の売り上げは増加したものの、利益率は低迷していました。スタジオ撮影よりも卒業アルバムづくりは、利益を確保しづらいのです。その理由は大きく二つあります。

一つは、スタジオ撮影は価格を自由に決められますが、卒業アルバムは学校ごとに毎年の予算が決まっているため値上げが難しいのです。もう一つは、行事の日程が重なると他社のカメラマンに外注しなくてはいけないためコストがかさみやすいのです。

担当する学校の数が1校、2校と増えるにつれて、写真選びにかける時間も大きく増えるため、スタジオ撮影に充てる時間にも影響が出るようになっていました。同業者の廃業が続いており、今後のことを考えると学校からの依頼はさらに増えていくと予想されます。このままでは当社では対応できなくなるかもしれません。さらに、少子化により1校当たりの生徒の数が減少していけば卒業アルバムにかける予算が減るため、採算がより一層厳しくなることが予想されたのです。

卒業アルバムづくりをとおして地域に深く根差していくため、さらには従業員の負担を減らしてスタジオ撮影の機会を確保するために、卒業アルバム制作の効率化に取り組むことにしました。

写真選択ＡＩシステムで省力化

――効率化はどのように進めたのでしょうか。

卒業アルバムづくりで最も大変な写真選びの負担を軽減できるような仕組みをつくれないだろうかと考えました。商工会などが主催する経営セミナーを受講するなかで、茨城県による中小企業とＩＴベンチャーのマッチング事業を知り、応募しました。そこでつくば市の企業を紹介してもらいました。研究施設が集まっているつくば市では最先端技術をもつ企業が多いのです。さっそく相談すると、画像認識の技術を使ってＡＩに生徒の顔を覚えさせれば、写真選びを自動化できるという提案を受けました。

システム開発を依頼するのは初めてのことで、費用面やシステムの仕様などわからないことが多く、そんなに簡単に実現できるのか不安でした。第三者の意見も参考にしようと、国が設置している経営相談所のよろず支援拠点を訪れて、ＩＴ業界出身の中小企業診断士を紹介してもらいました。専門家からの客観的な意見やアドバイスを踏まえて、機能をできるだけ絞り込んで費用を抑えて開発期間を短くすること、誰もが使いやすいようなつくりにすることを軸にして進めることにしました。具体的には、生徒の特定や笑顔の度合いを数値化して写真を選定するスコアリング機能と、お薦めの写真をリストアップする機能に絞り込んだのです。シンプルな画面ですぐに使い方をマスターでき、作業のスピードを高められるように設計してもらいました。

――開発のなかで大変だったことはありますか。

開発のプロセスでネックとなったのが、小学校低学年の生徒の顔認識の精度を向上させることです。ＡＩシステムでは二つの難点がありました。一つは、わたしたちも苦労していましたが、成長により骨格や顔立ちが変化するため、同じ生徒だと認識するのが難しいことです。

もう一つは、違う生徒であっても同一人物として整理してしまうことです。ＡＩは顔の特徴を数値化して同一人物の写真をグループ化していくのですが、大人と比べて子どもは一人ひとりの顔に大きな違いが表れにくく、特徴をつかみづらいのです。

顔認証の精度を上げるために、ＡＩシステムに低学年の生徒の写真を読み込ませて学習を進めました。こうして、開発から1年ほどで写真選択ＡＩシステムを稼働できました。

――ＡＩシステムはどのように使うのでしょうか。

まず卒業年次の生徒を正面から撮影した個人写真を使って顔と名前をＡＩに学習させます。次にさまざまな行事の写真を読み込ませます。それから生徒が目を閉じている写真などをＡＩシステムが除いて生徒の表情をスコアリングします。そしてアルバムに載せる写真を絞り込み、生徒別に掲載の回数をカウントしたうえでお薦めの写真リストが完成します。それをもとにわたしたちがページ構成を決めています。年間８０００時間かけていた写真の選定は２００時間程度まで短くなりました。

また、アルバムの校正のスピードも上がりました。学校側でアルバムのチェックをしてもらい、担任の先生から写真の差し替えの依頼があると、ＡＩシステムの導入前はほかの写真とのバランスも考慮しながら従業員が代わりの写真を探す必要がありました。今ではＡＩシステムが代わりの写真を提案してくれるため、レスポンスが速くなったのです。

人材で付加価値を高める

――写真の選定にかける時間が40分の１になるとはＡＩの力はすさまじいものがありますね。これによりどのような変化がありましたか。

三つの変化がありました。一つ目は、収益力の向上です。写真選びにかかる時間が短くなり、卒業アルバム１冊当たりの人件費を抑えられるようになりました。従業員総出で写真選びをしていた状態から、スタジオ撮影にマンパワーを振り向けられるようになったので、収益機会が増えました。今後も新たな卒業アルバム制作の依頼も受けられるような態勢になりました。

二つ目は、より働きやすい職場になったことです。卒業アルバムづくりで最も忙しくなる１月も残業時間はゼロです。ＡＩシステムの導入で繁閑の差を抑えられる

スタジオは全部で三つある

ようになり、計画的に休暇を取れるなど従業員のワークライフバランスが改善しました。また、インターネット環境があればＡＩシステムにアクセスして写真をチェックできるため、在宅でも仕事が進められるようになりました。これを機に出産のため退職した従業員にまた一緒に働いてもらえないかと声をかけると、復帰を決めてくれました。これまで結婚や出産のタイミングで会社を辞めてしまう女性従業員が多かったことから、子育て中でも働き続けられるように、卒業アルバム制作の工程をもう一度見直して在宅でも可能な仕事を洗い出しました。写真の選定のほか、学校や印刷会社との校正のやりとりを在宅でできるようにしました。卒業アルバムづくりでは、学校との打ち合わせや撮影、写真の選定、校正、そして納品といった一連の流れを経験するまで最低でも1年間必要です。流れを理解している従業員の育成に1年要することを考えると、ライフイベントがあっても働き続けてもらえるような環境づくりが欠かせません。以前から取り組まなければいけないと考えていたことをようやく実行できました。

三つ目は、人を育てることに力を注げるようになったことです。ＡＩの導入で時間に余裕ができるようになった今なら、じっくり人材を育てられると考えました。また、卒業アルバムの仕事が増えるにつれて外注のカメラマンの活用が増えていけば、地域の写真館として子どもたちと関係を築くことができず、いつかスタジオに訪れてもらうことが難しくなると心配していました。カメラ撮影の経験を条件としていた募集要項を改めて、未経験者の中途採用を始めたほか、新卒採用を再開しました。中途採用では2人、新卒採用では1人が入社しました。わたしは撮影機材の基本や卒業アルバムづくりのプロセスをまとめたマニュアルをつくり、従業員にマンツーマンのOJTを行いました。今では一通りの撮影を任せられるまでになりました。

今や当社は女性のカメラマンが活躍する写真館になりました。最近、写真業界では女性カメラマンは増加傾向にあるとはいえ男性と比べると少ないため重宝されることが多いです。卒業アルバム制作の現場でも、学校側から女性のカメラマンに来てほしいと依頼されることがしばしばあります。修学旅行先で宿の部屋ごとに撮影をする際に、女子生徒の部屋に入るのは女性カメラマンのほうが安心してもらえるようです。コミュニケーションが活発になり、生徒との距離も縮めやすくなりました。

活躍する女性のカメラマン

――ＡＩシステムによる効率化だけでなく、人材の育成で会社の基盤を固めたのですね。社内で好循環が実現しつつあった２０２０年は新型コロナウイルスの感染拡大がありました。

スタジオ撮影は大きな影響を受けました。２０２０年4～5月の売り上げは前年と比べて80パーセントの減少となりました。11月の七五三のシーズンに入ると、例年と同じくらいまで回復しましたが、年末年始にかけて再び感染者が増えた影響で成人式の前撮りなどのキャンセルが相次ぎました。

学校関係については、入学式や運動会などの学校イベントが中止となって、撮影の機会が減りました。行事のたびに販売していた写真の収入がなくなったことで学校関係の売り上げも減少しました。ただ、卒業アルバムの制作は毎年決まった予算のため、新型コロナウイルス感染症の影響が続くなかでは貴重な収入源となっています。また、ＡＩシステムを導入して在宅勤務の態勢を整えていたことも、コロナ禍ではプラスに働いています。

――今後の展望を教えてください。

学校側との年度初めに行う年間予定や行事前の打ち合わせをリモート会議で行うほか、卒業アルバムの校正をデータ上でやりとりしたいと考えています。同業者の高齢化と後継者の不在による廃業で今後も卒業アルバム制作の依頼が増えていく、つまり商圏が広がっていくと思われます。打ち合わせなどで当社と学校を往復するための時間が増えて、スタジオ撮影に影響が出てしまわないように、また、新型コロナウイルス感染症の影響を抑えるため接触機会をなるべく減らすことを考えると、撮影のあるとき以外は学校を訪問する回数を絞っていきたいです。

当社のように、卒業アルバムづくりを効率化したいと考えている同業者は少なくありません。今後、ＡＩシステムをパッケージ化してライセンス販売する予定です。各地で頑張っている写真館でこれからも地域の子どもたちの思い出を残していってもらえたらと思います。

ＡＩシステムを使って新しいサービスも考えています。例えば、生徒一人ひとりの卒業アルバムをオーダーメードでつくるというものです。システムの設定を変えて、特定の生徒にフォーカスして写真を選べるようにすればさほど負担をかけずにアルバムができます。冊子にすると相応の費用がかかるため、データのまま渡してデジタルフォトフレームなどに写して楽しんでもらうのもよいですね。同級生全員がもつ今までのアルバムは大人になって思い出を語り合うアイテムとして、オーダーメードのアルバムは保護者が子どもの成長に思いをはせるアイテムとして、異なる価値をもつアルバムになります。ほかにも、卒業記念品の提案に挑戦していきたいと考えています。写真を使ったマウスパッドやマグネットなど社内で構想を練っています。

これからも、子どもたちの学校生活や地域の人たちの人生の節目を写真に収めて、世代を超えて訪れてもらえるような写真館でありたいです。

取材メモ

ＪＲ取手駅からバスで10分ほど行くと、のどかな住宅街の一角に㈱石引写真館の新しい本社が見えてくる。建物の壁は白く塗られ、エメラルドグリーンの窓枠が美しい。その向かいには、創業時から使ってきた古い本社が残っていた。１９５３年の創業以来、同社が地元に根差して写真館を営んできたことが伝わってきた。

新しい本社は3階建てになっている。内装の趣が異なる三つのスタジオを配し、大きな鏡を設けたメイクルームや子どもが遊べるプレイルームなども用意している。被写体の気持ちを盛り上げてすてきな表情を引き出そうとするホスピタリティーが感じられる。これなら訪れるたびにわくわくした気持ちになるし、思い出に残る撮影ができそうだ。また、フロア間を移動する動線が二つ用意されているので、同じ時間帯に複数の撮影スケジュールを組むこともできる。経営の効率性も十分に考慮した設計といえる。

新スタジオの建設を主導した石引卓さんは経営を継ぐ前、大手出版社でカメラマンとして勤務し、独立した後は広告や雑誌に載せる写真を撮っていた。プロのカメラマンが腕を競うコンテストでの受賞歴もある。石引さんはじめ同社のスタッフの撮影の技術は折り紙つきである。

快適性と機能性を兼ね備えたスタジオに優れた撮影技術。日々の仕事には申し分ない環境がそろっているわけだが、取材の冒頭、石引さんは「経営に関しては自信がない」と控えめに話していた。だからこそ学ばなくてはいけないと、地元の商工会が主催するセミナーや同業者が集まる勉強会、異業種交流会などに定期的に参加している。経営者としての力をつけるため、あらゆる角度から知識を得ようとする姿勢は、ＡＩの導入や人材の育成、さらには新しい商品やサービスといったさまざまなアイデアを生み出す素地となっている。

特筆したいのは、卒業アルバム制作の効率化を実現するＡＩの導入と、写真館の付加価値の源泉であるカメラマンの育成や撮影に集中できる環境づくりを一体的に考えている点だ。新たなテクノロジーは㈱石引写真館にとって経営基盤を強固にする一つのパーツにすぎない。常に最先端の技術を学び、自社の事業に組み込めないかを模索する。そして経営全体の最適化を図る。これこそが、地元に根差し、親子三代にわたって70年を超える歴史を映してきた㈱石引写真館の競争力の源なのだろう。

（青木　遥）

事例 9 IoT、AI

IoTとAIで届けるリアルタイムの空き情報

㈱バカン

代表取締役 河野《かわの》 剛進《たかのぶ》

◆ **企業概要**

代 表 者：河野 剛進
創　　業：2016年
従業者数：73人
事業内容：空き情報配信サービスの提供
所 在 地：東京都千代田区永田町2-17-3 住友不動産永田町ビル2階
電話番号：03（6327）5533
U R L：https://corp.vacan.com

行きたいと思った場所は今、空いているだろうか。実際に行かなくてもそれがわかれば外出はもっと楽しくなる。㈱バカンは、IoTとAIを使って、手元のスマートフォンで商業施設のトイレや飲食店、避難所などさまざまな場所の空き状況がわかるサービスを提供している。

社長の河野剛進さんが子どもを連れて外出したとき、空いているトイレを探し回ることになり困った経験からサービスを思いついた。IoTとAIを活用して、誰もが外出を楽しめる世界をつくろうと奮闘する河野さんに話をうかがった。

リアルタイムの空き情報がわかる

――事業内容を教えてください。

当社のミッションは「いま空いているか1秒でわかる、優しい世界をつくる」です。さまざまな場所の空き状況や混雑状況を可視化し、インターネットを介してリアルタイムで確認できるようにしています。現在は、商業施設のトイレや飲食店、宿泊施設、自治体の避難所などを中心にサービスを提供しています。最終的にはあらゆる場所の空き情報を可視化したいと思っています。

空き情報を可視化する仕組みについて、当社が一番初めにサービスを開始したトイレを例に説明しましょう。商業施設のトイレは、扉が開いていれば「空室」と判断できるケースが大半です。そこで、各個室の壁にセンサーを設置し、扉の状態を検知しています。その情報がインターネットを介して当社のサーバーに送られ、独自に開発したＡＩが自動で空き状況を判断するため、空室になってから表示される情報が更新されるまでのタイムラグはほとんどありません。満空情報は、商業施設のデジタルサイネージやホームページに表示します。

当社が一般に提供している「ＶＡＣＡＮ Ｍａｐｓ」というウェブサービスを介して誰でもスマートフォン上で確認できるようにすることもできます。

このように、商業施設のトイレであればセンサーを一つ設置すればよいのですが、空港の保安検査場など場所によってはカメラとセンサーを複数組み合わせなければ、空き情報や混雑情報を判断できないこともあります。また、センサーやカメラを使った自動検知ではなく、当社が開発した「ＩｏＴボタン」を使って、施設のスタッフの方が手動で空き情報を入力するケースもあります。

ＩｏＴボタンは、縦10センチメートル、横６センチメートルほどの手のひらサイズです。単独で通信ができるので、電源をつなぐだけで使用できます。後は施設の担当者が混雑状況に合わせて「空」「やや混雑」「満」の三つのボタンのいずれかを押すだけで、簡単に空き情報の表示を切り替えられます。設置が簡単で場所を取りませんし、直感的で使いやすいと好評です。

店内に設置されたIoTボタン

——空き状況や混雑状況がわかるサービスは以前からありました。どこが違うのでしょうか。

既存のサービスとの一番の違いは、リアルタイムの状況がわかることです。既存のサービスは、過去のデータをもとにした混雑の予測情報を表示しているため、実際の混雑状況とは異なることがあります。また、コロナ禍のように人の動きが急に大きく変わると、過去のデータから予測した情報は参考になりません。

当社のサービスはリアルタイムで情報が更新されるため、表示された情報と実際の混雑状況が異なることがありません。また、ＶＡＣＡＮ Ｍａｐｓでは、掲載施設の空き情報を地図上でまとめて確認できるので、行きたいお店が混んでいたとき、近くの空いているお店をすぐに探せます。さらに、多くの施設で従来の予約サービスではほとんど対応できなかった直前の予約が可能です。空き状況を確かめてすぐに予約すれば、確認したときは空いていたけれど、お店に着くまでの間に満席になってしまったという事態も防げます。

ＶＡＣＡＮ Ｍａｐｓは２０２０年にリリースし、現在、全国で５０００件を超える施設の情報が登載されています。サイトにアクセスすれば誰でも空き情報を確認できますが、無料の会員登録をすれば、さらに直前予約サービスも利用できるようになります。会員登録をするユーザーは毎年増えています。今後は、さらに掲載施設の数を増やしていくと同時に、空き情報の可視化以外のサービスも拡充し、施設の方やユーザーの利便性を高めていきたいと思っています。

――空き情報の可視化以外のサービスとはどういったサービスですか。

すでに始めているサービスが三つあります。一つ目は、トイレの長時間滞在を抑制するサービス「ＶＡＣＡＮ ＡｉｒＫｎｏｃｋ（バカン エアーノック）」です。商業施設のトイレが混む原因の一つに、個室内でのスマートフォンの使用による長時間滞在があります。そこで、個室内にタブレット端末を設置して、一定時間経過すると端末が起動し、滞在時間やトイレの混雑情報が表示されるようにしました。商業施設や野球場などでの利用が中心ですから、警告音などで退出を強いるのではなく、利用者が自発的に次の人に譲ろうという気持ちになる仕組みが大事だと考えました。実際にある施設で導入したところ、１日に１個室当たり平

トイレの個室内に空き情報や滞在時間を表示

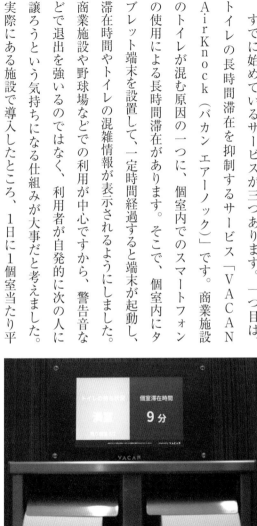

均45分間も利用時間が減少しました。また、タブレット端末に広告を表示するオプションをつけ、混雑情報などを表示していないときも端末を有効活用し、導入コストを抑えられるように工夫しています。

二つ目は、行列管理サービス「VACAN Q ticket（バカン キューチケット）」です。店頭に設置したタブレット端末やオンラインで順番待ちの予約を受け付け、順番が近づくと予約した方のスマートフォンに自動で通知される仕組みです。店頭での行列管理や待合スペースが不要になります。新型コロナウイルス感染症が広がる前は、店頭に並んでいる人の数が評判を示すバロメーターになっている面もありました。ところが今は人との接触をできるだけ避け、安心して楽しんでもらうために並ばずに店内に入れるようにしたいと考えるお店が増えています。

三つ目は、半個室のブース席を予約できるサービス「VACAN AutoKeep（バカン オートキープ）」です。タブレット端末をブース席ごとに設置するだけで、お店の方を介さずに予約から着席まで管理が可能な仕組みです。席を利用したい方は、当社の専用サイトで空き情報を確認して予約を行い、着いたら席に備え付けてあるタブレット端末を操作し「利用中」にステータスを変更します。通常の予約サービスだとお店の方の負担になりがちな予約の確認や座席の確保、来店時の案内などの手間を省くことができます。
また、席の最大利用時間や直前予約の際に席をキープしておける時間はお店側で自由に設定できます。人との接触を避けながら外出を楽しみたい人が増えており、ブース席を確保したいというニーズが高まっています。大手コーヒーチェーンやコワーキングスペースなどで導入が進んでいます。

既製品と自社開発のバランスを考える

――トイレの空き情報の提供から始まったサービスが大きな広がりをみせていますね。創業のきっかけを教えてください。

発端はわたしの休日の出来事です。幼い子どもを連れてショッピングセンターに行ったのですが、空いているトイレが見つからず、探し回っている間に子どもが泣きだしてしまったのです。ますます慌ててしまったことをよく覚えています。このとき、実際にトイレまで行って空いているか、どのくらい待っている人がいるかを確認して回らなくても、その場でどこのトイレが空いているかすぐにわかれば便利なのにと思ったのが創業のきっかけです。

以前から、オフィスのトイレの空き情報が自席でわかれば便利だなと思っていたのですが、ビジネスにすることまでは考えていませんでした。ですが、親子での外出が増え、トイレの場所や連れていくタイミングを常に意識する大変さを身に染みて感じるようになり、ビジネスチャンスがあるのではないかと考えるようになりました。改めて考えてみるとトイレだけでなく、オムツ台や飲食店など、今空いているか、どのくらい混雑しているか知りたい場所ってたくさんあるんですよね。空き情報が手元ですぐにわかれば、誰もが気兼ねなく外出を楽しめるはずだと強く思うようになり、一念発起しました。２０１６年のことです。

大学院で画像解析技術を学んでいたため、ＩｏＴやＡＩを利用してリアルタイムで空き具合を把握する構想はすぐにまとまりました。当時、画像解析技術が飛躍的に進歩していたことや、３Ｄプリンターの普及によりハードウエアの開発コストが低下していたこと、通信コストが低価格化していたことなども構想を具体化する後押しになりました。しかし、専門外だったセンサーの開発が思うように進まず苦労しました。ほかにも開発資金の調達やサービスの効果測定など悩みは尽きませんでした。

そのとき大きな助けとなったのが、東京都が主催する「青山スタートアップアクセラレーションプログラム」です。メンターとなった大企業の方や先輩起業家からセンサーの開発や製造の委託先選び、経営の仕方などについてアドバイスをもらったり、勉強会で経営に必要な知識を学んだりできました。日本政策金融公庫やベンチャーキャピタルの方と相談する機会もあり、無事に開発資金を調達できました。さらに、開発した製品の実証実験の場も提供していただきました。さまざまな支援のおかげで事業をスムーズに軌道に乗せることができたのです。同時期に創業した仲間とのつながりは今も大きな支えになっています。

――センサーやカメラなど使用しているデバイスはすべて御社で開発しているのですか。

いいえ。お客さまの要望に応えるのに既製品が最も適していれば、迷わず既製品を使用します。センサー一つにしても、既製品をそのまま利用することもあれば、基板だけは自社で開発することもありますし、すべて自社開発したものもあります。

例えば、開き戸のトイレに設置しているセンサーは扉の状態を検知するだけのシンプルなものなので、既製品がうまく活用できる場合にはそのまま使用しています。一方で、多目的トイレのように引き戸の場合は、開き戸と同じセンサーでは空室かどうかの判断ができません。空いているときも使っているときも扉が閉まっているからです。その場合は、扉の開閉状態に加え人感センサーも併用し、二つの情報を組み合わせることで正確に空き状況を判断しています。この方法については、「ＭＩＣ」というバカン独自の特許技術を用いています。

このほか、野球場などの広い空間で出入口から外に伸びる行列、トイレ、売店などさまざまな場所の混雑状況を把握する必要があるときは、既製品のカメラと自社開発のセンサーを複数組み合わせています。

正確な情報を得るにはこれらデバイスの組み合わせだけでなく、設置場所にも気を配る必要があります。どこに設置すれば、最少のデバイス数で全体の空き情報を漏れなく把握できるか。緻密に計算する必要がある難しい問題です。当社には、独自の統合型ＩｏＴフレームワーク「ｖＣｏｒｅ」という仕組みがあります。これを活用することで、導入事例ごとに異なるデバイスの組み合わせから得られたデータも、独自のＡＩアルゴリズムを用いて分析し、スマートフォンやデジタルサイネージなどさまざまな方法で配信できます。この

開発室でデバイスのプロトタイプを試作

仕組みを利用することで、時間をかけずにお客さまの要望に沿った最適なデバイスの組み合わせを提案できるようになっています。

非常時にも強いサービス設計

――ｖＣｏｒｅについてもう少し詳しく教えてください。

ｖＣｏｒｅには大きく三つの機能があります。一つ目は、データの管理機能です。独自に開発したプログラムを使い、センサーやカメラ、ＩｏＴボタンから送られてきたデータを一括で管理し、ユーザーに配信しています。一括で管理することで、センサーとカメラの情報を合成してＡＩが自動で空き具合を判断するといった難しい処理も素早く行えます。

二つ目は、データの保存機能です。保存しているのは、先ほど申し上げた導入事例ごとのデバイスの組み合わせや設置場所、各センサーから送られてきたデータなどです。混雑状況の提供に必要な情報を保存してあるので、過去の設置状況をもとに、新しい場所での設置の仕方をシミュレーションするといったことが素早く行えます。この仕組みがあるからこそ、個人経営の小さなラーメン店や全国チェーンの飲食店、空港の保安検査場、野球場など、施設の種類や規模の大小の区別なくどんな場所でも最適なサービスを提供できるのです。

三つ目は、蓄積されたデータの分析機能です。分析したデータをもとに、常にＡＩの質の向上を図っています。例えば、飲食店が満席のときの入店までの待ち時間です。お店の前に並んでいる椅子に座っている人のなかには、入店するために並んでいるのではなく、疲れたから座っているだけの人がいることが少なくありません。こうした人を待ち人数にカウントしてしまうと正確な待ち時間を表示できなくなります。こうした人の特徴を分析し、ＡＩの判断基準に加えることで、より正確な待ち時間を判定できるようになりました。もちろん、コロナ対策として、その場が密でないかを判別したいときには、疲れて座っている人についても含めて、その場の混雑状況を判定するように設定を変えることも可能です。

さらに、オプションとしてｖＣｏｒｅに保存されている情報を分析して提供するサービスも行っています。例えば、女性用トイレの個室の使用データを分析すると、個室の利用頻度が位置によって大きく異なることがわかります。出入口に一番近い個室の利用頻度が突出して高くなる傾向があるのです。男性用トイレでは違う結果になります。こうした情報を知っていれば、使用頻度の高い個室のみ配管設備の更新時期を早めて故障を未然に防ぎ、メンテナンス費用を抑えることができます。商業施設で人がどのように移動するのか分析した結果を警備態勢に活用したり、立地ごとに賃料を変える際の資料にすることもできます。

――大小さまざまな施設に応用しやすいシステムなのですね。ただ、最先端技術を使ったサービスは扱いが難しそうなイメージやコストの問題から、導入に消極的な企業も多そうです。

導入してもらうために工夫していることが二つあります。

一つ目は、誰でも使いやすいようにサービスをデザインすることです。当社ではプロダクトデザイナーを取締役に置き、ホームページのインターフェースや、ＩｏＴボタンの配置や色などを日々改良しています。加えて、開発する当社と実際に利用する方では、使いやすいと思うデザインが異なることもあるため、定期的にアンケート調査やインタビューを行って、ユーザーの声を丹念に拾い上げ、常にサービスを見直しています。

また、お客さまにサービスの説明をするときは、あえて最先端技術であることを強調しないようにしています。ＡＩやＩｏＴという言葉のイメージだけで、自分たちには必要なさそうだと思われてしまうことが少なくないからです。当社のサービスが最先端かどうかは重要ではありません。どういったサービスなのか、導入することでどういったメリットがあるのかをわかりやすく伝えるようにしています。

二つ目は、費用をできるだけ抑えることです。ＩｏＴボタンを使った飲食店の空き情報サービスは初期費用が1万円、利用料金は月額９８０円です。自動検知型のサービス料金は、施設の広さや導入するセンサーやカメラの数によって変わるので一概にはいえませんが、ＩｏＴボタンを使ったサービスよりも高くなります。

どちらが適しているかは、導入する施設によって異なります。施設内の利用者数を数えて、施設の外にある待ち時間を示す札をかけ替える作業を例に考えてみましょう。大きな施設では、人の目だけで施設全体の状況を把握するのは難しいです。この場合は、センサーやＡＩを使った自動検知のほうが便利ですし、費用が多少かかっても人件費よりは安いので、総合的なコストパフォーマンスは良くなるでしょう。他方、小さな施設では一目で混雑状況を把握できますから、ＩｏＴボタンを使って情報を利用客に伝えるほうが費用を抑えられます。すべてを無理に自動化する必要はないのです。当社はどこを自動化し、どこを人が担えば最もコストパフォーマンスが良くなるのかを考えてオーダーメードでサービスを設計し提案しています。

多くの施設に導入してもらうことで、ＶＡＣＡＮ Ｍａｐｓの掲載数が増えてユーザーの利便性は高まりますし、情報の蓄積が増えればＡＩの質も向上します。価格を抑えて普及を促すことは当社のサービス全体の質を高めることにもつながるのです。

また、イレギュラーな事態が発生したときには、簡単に人がＡＩの判断を上書きできるようにしています。例えば、飲食店でガスコンロが壊れた場合などです。ガスコンロが故障すると、営業できなくなりますが、席が空いていればＡＩは「空」と判断します。コンロの故障など店舗の状況を踏まえてＡＩが判断を変えることは技術的には可能ですが、インプットする情報の量が増えればそのぶん費用は高額になります。イレギュラーな事態になったときは、ウェブ上の管理画面から「空」を「営業時間外」などに切り替えられるようにしています。このように人がＡＩの判断を上書きできる設計は、災害時にも対応できるというメリットがあります。

――災害時に開設される避難所でも御社のサービスが採用されたそうですね。

当社のサービスを知った自治体の方に相談されたのがきっかけです。災害が発生すると避難所がたくさん開設されますが、特定の避難所に人が集中して収容しきれなかったり、支援物資が不足したりという問題が起こります。そこで、避難者の分散と平準化を目的にＶＡＣＡＮ

Ｍａｐｓに避難所の空き情報を表示することにしたのです。使用する際は、避難所のスタッフがパソコン上で管理画面を操作するだけですので、導入は簡単です。停電などの際も、手元のスマートフォンからウェブ上の管理画面にアクセスすれば同様の操作が可能です。

　避難状況をリアルタイムで把握できることは自治体にとっても有益です。テントを増設するなどして避難スペースを広げて収容人数を増やしたり、近くに臨時の避難所を開設したりするといった判断を速やかに行えます。実際、九州地方で台風が発生した際、ＶＡＣＡＮ Ｍａｐｓに約１万件のアクセスがあり分散避難に貢献できました。また、収容人数の上限に近づいてきたら満員になる前に追加の避難所を準備するなど、自治体の対応に生かすことができました。

VACAN Mapsに表示された避難所の情報

　コロナ禍においては、世界中のさまざまな場所で混雑を避け、ソーシャルディスタンスを保つことが求められています。２０２０年には、中国でも当社のサービスの実証実験が始まりました。当社は2016年にわたし一人で立ち上げました。2018年にリアルタイム空き情報配信サービス「VACAN」をリリースしたときにはまだ従業員が5人と小所帯でしたが、2020年には70人以上に増えています。各技術の開発を専門の人材に任せられるようになったので、今後はさらに利便性の高いサービスの開発を行いながら、サービスを提供する国や導入先を増やしたいと思っています。当社のサービスで、混雑を避けながら世界中の誰もが安心して外出を楽しめる優しい世界をつくるために、より良いサービスを追求し続けます。

取材メモ

河野さんが一人で立ち上げた会社は、4年の間に従業員が70人以上に増えた。少人数だった頃は、どういったサービスを始めるか、新しいデバイスの開発をどう進めるかなど、さまざまな問題をみんなで話し合って決めていた。しかし、従業員が20人を超えた頃からそれでは業務が回らなくなった。誰が何を最終判断するのかなどのプロセスを明確化したり、特定の従業員に蓄積されていたノウハウを見える化したりと、マネジメントの手法を見直しているそうだ。「集まる情報が多くなり、どう取捨選択し管理していくのか、新たな課題に頭を悩ませる日々です」と語る河野さんがとても楽しそうだったのが印象に残っている。

始まりは小所帯だった同社は、最先端技術をうまく活用することで急成長した。最先端技術は、企業を飛躍的に成長させる可能性を秘めている。では最先端技術をうまく活用するにはどうすればよいのか。同社の事例から、「見極め」の重要性を読み取ることができる。

一つは、アイデアが技術的に実現可能なタイミングを見極め、サービスを開始したことだ。同社のサービスは画像認識技術の進歩、ハードウエア開発や通信にかかるコストの低価格化がなければビジネス化できなかった。独創的なアイデアが実現可能となったタイミングを逃さずにサービスを開始し、新たな市場を創造することで収益を確保している。さらに、空き情報の提供と相乗効果の高い予約サービスや行列管理サービスなど、時勢に合ったサービスの拡充を図ることで、市場の拡大にも成功している。

もう一つは、最先端技術を利用する領域を見極めて絞り込んだことだ。機械が担当する部分と人が担当する部分を見極めたことで必要な部分だけを自動化し、導入コストを抑えた。また、空き状況を把握したい場所に応じて、自社開発したデバイスと既製品を使い分けることで、開発のコストや期間も抑えている。これにより、顧客が求めるサービスを開発したり、サービスの質を高めたりすることに経営資源を集中でき、顧客を囲い込むことに成功している。

河野さんは、「最先端技術の利用にはこだわっていません。お客さまの要望をかなえるために必要だから最先端技術を使っているだけです」と言う。最先端技術ありきでサービスを考えるのではなく、顧客の利便性を追求する過程で必要だから最先端技術を利用する。こうした発想で最先端技術をとらえたとき、最先端技術は個性的なビジネスの魅力を伸ばす格好のツールになる。

（尾形　苑子）

事例 10 IoT、ロボット、AI

技術で食品印刷の世界をリードする

㈱ニューマインド

代表取締役社長 梨本《なしもと》 勝実《かつみ》

◆ 企業概要

代 表 者：梨本 勝実
創　　業：2012年
資 本 金：5,000万円
従業者数：10人
事業内容：食品用プリンター、可食インクの開発・販売
所 在 地：東京都中央区東日本橋2-27-5 グリーンビル5階
電話番号：03（5822）0271
U R L：https://newmind.co.jp

㈱ニューマインドは、従業者10人と小さな会社でありながら、高い製品開発力を武器に食品用プリンターの業界をリードしてきた。順調に販売を拡大するなか、メンテナンスに手が回らないという問題に対処するため、2017年にはIoTによる保守サービスを開始した。これを皮切りに、ロボット、AIといったほかの最先端技術も活用し始めている。最先端技術を導入する小企業が少ないなか、同社は果敢に新しい技術を取り入れている。同社の歩みから、その原動力を探りたい。

食べ物に印刷するプリンター

――事業内容を教えてください。

当社は2012年の創業以来、可食プリンターと呼ばれる食品用のインクジェットプリンターと、それに使う可食インクなどを開発・販売しています。可食プリンターは、せんべいやクッキー、パン、ケーキ、フルーツなどの食品に文字やイラスト、写真を印刷するためのものです。

従来、食べ物向けの印刷には、パッド印刷が用いられてきました。パッド印刷の手順はこうです。まず、印刷したい絵柄の掘られた版にインクを塗りつけます。次に、シリコン製のパッドを版に押し当て、インクをいったんパッドに移します。最後に、インクのついたパッドを食品の表面に押し当て、印刷完了です。この方法には、利用者にとって三つのデメリットがありました。一つ目は、絵柄、色ごとに版が必要なことです。版づくりにかかるコストを回収するには、大きなロットで生産する必要がありました。規模の小さな企業では導入しにくかったのです。二つ目は、印刷する絵柄を変えるたびに、版を取り換える手間がかかることです。繁忙期にそれをしていると、十分な生産量を確保できません。そのため、多種類の注文には対応しにくいのです。三つ目は、パッドと食品が接触することです。凹凸があったり、割れたりつぶれたりしやすい食べ物にはうまく印刷できません。

対して、インクジェットプリンターには版が不要で、絵柄のデータさえあれば印刷できます。絵柄の切り替えも、パソコン上の操作で簡単にできます。商品開発のスピードは上がりますし、多品種少量生産にも向いています。インクを吹きつけて印刷するため、食品に直接触れることもありません。表面の凹凸や素材のもろさにも対処できるのです。

当社はこうしたインクジェット式のメリットを武器に、さまざまな製品を開発してきました。

――製品のラインアップを教えてください。

当社の可食プリンターは、インクを印刷対象物である食品に吹きつける印刷の方式の違いにより、大きく2種類に

可食プリンターで印刷した食品

分かれています。

一つは、シングル・パス方式の製品です。シングル・パス方式では、プリンターヘッドは動かず、印刷対象物が移動することで印刷できるようになっています。生産工程にベルトコンベヤーによる流れ作業を採用する食品メーカーや製薬会社の工場で使われています。例えばせんべい工場で、焼き窯から出てきたせんべいがベルトコンベヤーで運ばれてくるところを想像してください。ベルトコンベヤーの横には当社のプリンター本体が設置されています。プリンター本体からプリンターヘッドを内蔵した部分がベルトコンベヤー上にかぶさるよう伸びていて、真下を流れるせんべいの表面に印刷を施していくわけです。

既存の生産ラインに組み込める可食プリンター

こうした既存の生産ラインに組み込めるタイプの可食プリンターは、２０１３年、当社が業界で初めて開発したものです。従来、食品用の印刷機を導入しようとする工場では、既存の生産ラインのレイアウトを見直す必要がありました。印刷機が大きかったため、設置するための場所を確保しなければならないからです。設置作業をするには、その間生産設備を止める必要があり、コストも相当かかります。レイアウトを変更せず別の場所に印刷機を置くとしても、ベルトコンベヤーから食品をいったん回収し、印刷後に再び戻すという手間が発生します。

当社の可食プリンターは従来の印刷機に比べて小さく、全面的にレイアウトを変更しなくても置き場所がつくれるのです。キャスターがついていて一人でも動かせます。プリンターヘッドの高さも調節できるつくりになっていますので、既存のベルトコンベヤーの高さに合わせて設置できます。当社は現在、毎分25メートル、食品の数で表すなら1時間で3000〜1万個に印刷できる高速タイプと、1200dpiという、写真店で印刷するのと同じくらいの解像度で印刷できる高品質タイプを用意しています。

もう一方は、マルチ・パス方式の製品です。印刷対象物は動かさず、プリンターヘッドが印刷対象物の上を往復することで印刷する方式です。一般のオフィスや家庭にある紙用のプリンターと同じ原理ですね。卓上型で、使い方もほとんど変わりません。食べ物をトレーに並べ、プリンターにセットし、印刷するのです。

当社は、トレーの底がA4サイズ、A2サイズ、その中間サイズの3タイプを中心に製造しています。例えばA2サイズのトレーには、直径2センチメートルのラムネ菓子を400個並べることができます。トレーの底面のサイズにかかわらず、厚さ9センチメートルまでのものを印刷できます。このほか、コーヒーやビールの泡、ケーキなど、かなりやわらかくて水気の多い食品に対応したタイプや、一般的な家庭用プリンターと形がほぼ同じで、オブラートなどの可食フィルムへの印刷に特化したタイプもあります。

特に、サイズの小さい製品は、カフェや製菓店、イベントに出店した屋台などでも使われています。東京マラソンでは、ゴールタイムをその場でバナナに印刷し、参加者に記念に渡す取り組みがありましたが、このとき使われたのも当社の可食プリンターです。

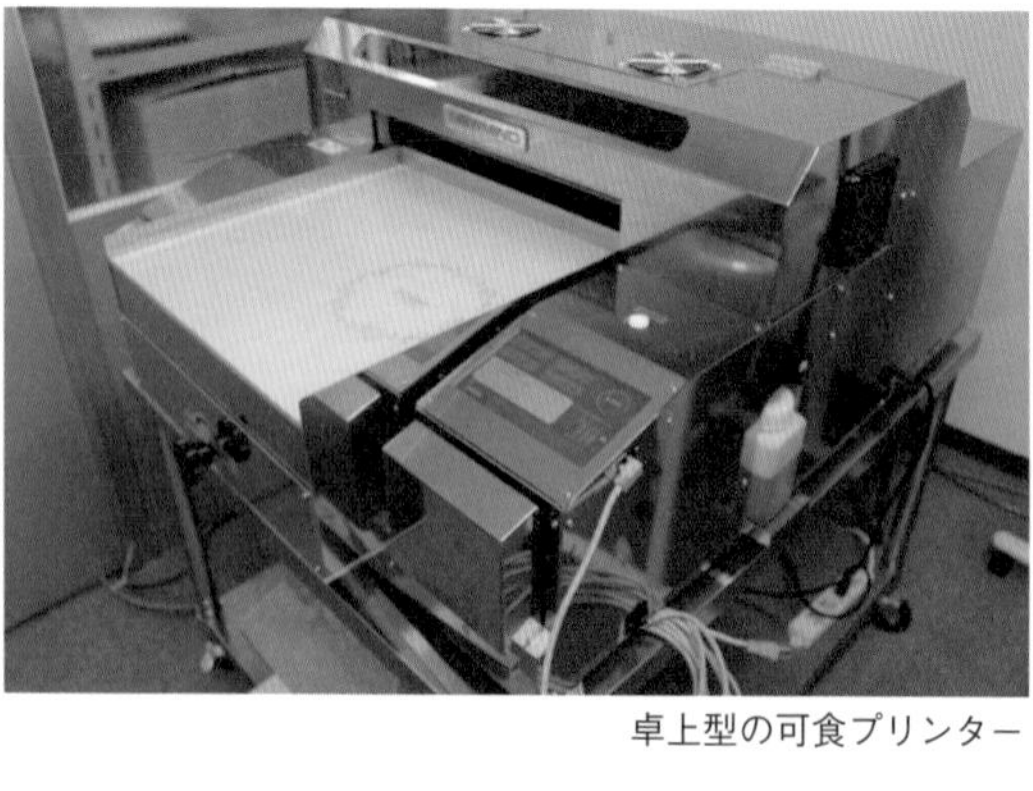
卓上型の可食プリンター

また、当社が販売する可食インクには、ボトル式とカートリッジ式があります。実はカートリッジ式の可食インクを上市したのも、当社が業界初です。インクの交換が簡単で、衛生的だと好評です。中身のインクは、ベニコウジやクチナシが原料の天然色素と、人工の食品添加物でつくった合成色素の2種類があります。食べ物の種類や商品のイメージによって、どちらを使うか顧客に選択してもらっています。

――業界初の製品、豊富なラインアップを生み出す原動力は何でしょうか。

当社は長野県塩尻市にある印刷機メーカーの出身者が中心となって創業した会社です。そうしたことから、東京に本社を置いていますが、研究開発拠点として塩尻にも事業所をもっています。あまり知られていないかもしれませんが、塩尻は大小さまざまな印刷機メーカーが集積するプリンターの街です。インクや精密部品の製造も盛んで、開発に協力してくれる人材や必要な材料を集めやすいのです。

何より、当社は顧客の声に耳を傾け、製品の企画に生かしています。例えば、生産ラインに組み込めるタイプの可食プリンターを開発したきっかけは、当社の創業メンバーの一人が、「今ある生産ラインのなかで印刷できないか?」と顧客から聞かれたことです。また、カートリッジ式の可食インクを開発したのは、「ボトルだとキャップの開け閉めのときに手が汚れやすい」という顧客の声が発端です。

さまざまなニーズに応えるうちに、製品のバリエーションも増えていきました。当社の可食プリンターは、今では全国で約1000台が稼働しています。社員10人の小さな会社ですが、可食プリンターという分野において、リーディングカンパニーであると自負しています。しかし、小所帯ゆえに困ったこともありました。

遠隔で稼働状況を把握したい

――どのようなことが問題になったのですか。

2016年ごろ、食品工場の生産ラインで稼働する可食プリンターは200台を超えました。お中元、クリスマス、お歳暮など贈答品のシーズンに、印刷不良が急に増えたのでメンテナンスに来てほしいといった顧客からの連絡が重なるようになりました。

繁忙期の工場では、プリンターのスペックを限界まで引き出して稼働させることも多く、故障しやすいのです。印刷不良の商品は廃棄するしかありません。可食プリンターが動かなくなってしまったら、生産ラインを止めなければなりません。焼き菓子のオーブンなどは、一度温度を落とすと、再稼働に時間がかかります。かといって火を入れたままだと無駄なコストがかかります。顧客に迷惑をかけるわけにはいきませんので、不具合に素早く対処する必要があるのですが、納入先が増えるにつれ、手が回らなくなっていきました。

不具合の内容は、プリンターを見に行かなければわかりません。現場に出向いて原因が特定できても、手持ちの道具や部品では修理ができず、当社に取りに戻るということもあります。インクが切れていただけといった、実際には故障したわけではないケースもあります。人手不足に加え、出張が増えて採算が悪化するという問題がありました。

――どういった対処法を考えましたか。

最初はメンテナンスの収益化を図るため、定期巡回サービスを提供することも考えましたが、それには人員の問題があります。いつ起きるかわからない不具合を、人による巡回で防ぐのにも無理があります。

そこで、プリンターを遠隔で監視し、故障を未然に防ぐ方法を検討し始めました。そうしたことが可能になれば、製品の付加価値を高めることができますし、効率的に顧客をサポートすることもできます。いわゆるＩｏＴの導入に向けた準備を始めました。

ＩｏＴを使った保守サービス

――何から始めましたか。

メンテナンスに出向いた保守担当者が、現場で何を確認していたのかを洗い出しました。例えば、具体的な不具合の内容です。印刷全体の濃さがおかしいのか、それとも特定の色だけかなどを印影で確認します。インクの残量やインクをプリンターヘッドに供給する部分、プリンターヘッドにあるインクの吹き出し口などもよく見ます。

起きやすい不具合が、インクの不吐出です。単純なのは、食品のかけらなどが付着しているケースです。また、インクのこびりつきが原因となることも多いです。食品工場では衛生上、高温多湿を避けますが、低温で湿度が低いとインクが凝固しやすいのです。熟練の担当者は、食品の印影、工場内の気温や湿度、プリンターが発する熱や振動、音などから、よくあるインク吹き出し口の目詰まりなのか、それ以外だとすればどういった原因で不具合が起きているのかを感覚的に推し量るわけです。

遠隔で稼働状況を把握するには、保守担当者が五感で集めていた情報をデジタル化する必要があります。作業の洗い出しをもとに、どんなセンサーをプリンターのどこに設置すればよいか考えました。結果として、プリンター周辺の温度や湿度、プリンターの振動、インクの残量を測定するセンサーや印影を撮影するカメラなどを取りつけることにしました。

プリンターをつくって実際に保守してきたのはわたしたちなので、ここまでは社内で考えられました。しかし、データをどうやって取り出し、管理するかはまったくの専門外です。そこで、もともと付き合いのあったＩＴ企業に相談しました。

――どういった相談をされたのですか。

どんなソフトウエアがあるのか、独自に開発する場合のコストはどのくらいかを聞いたり、集めたデータをどういう形のグラフで見たいといった要望を伝えたりしました。そうしたやりとりの結果、相談したＩＴ企業が販売していた市販のＩｏＴシステムを導入することにしました。一からシステムを開発するだけの資金はなかったこと、システムにトラブルが発生したときに開発元からサポートが受けられること、市販品のほうがセキュリティーに信頼が置けることなどが理由です。

センサーから得た情報をクラウドで収集、蓄積するのですが、このクラウドについても既製のサービスを利用しています。クラウドサービスを提供する企業は、ＩｏＴシステムを調達した企業に紹介してもらいました。また、既製のサービスにカスタマイズも加えています。取引先の食品工場では、情報セキュリティー面の問題から、インターネットの使用を禁止していることが多いためです。そのことをクラウドサービスの提供元に相談し、社内ＬＡＮのようにプライベート接続が可能なクラウドサービスを構築してもらいました。

こうした準備にかかる資金には、ものづくり補助金を活用しました。約1年の開発期間を経て、２０１７年にＩｏＴによる保守サービスを開始しました。

――ＩｏＴを導入したことで、どういった成果がありましたか。

センサーからは30秒ごとにデータがクラウドに送信され、リアルタイムで処理されます。詳細なデータを活用することで、狙いどおり、塩尻の営業所にいながら故障につながる不具合や印刷不良を早期に発見したり、適切なタイミングでインクの補給をお願いしたりといったことが可能になりました。不具合の原因を推定したり、対応の緊急性を判断したりすることも容易になりました。不具合の原因がプリンターヘッドにありそうなら、替えのプリンターヘッドを用意しておくといった準備が可能なので、無駄な出張も減りました。また、プリンターの使用環境に応じ、インクが固まりやすいので気をつけてくださいとアナウンスするなど、運用の支援も行えるようになりました。

ＩｏＴによる保守サービスを利用する顧客からは、プリンターの稼働率が以前と比べて高くなったと聞いています。さらに、トラブルが起きると本当に困るので、リアルタイムで稼働状態を見守ってもらえるのはとても安心だと評価してくれています。保守サービスの付加価値が認められたことで、それを製品価格に反映させることもできました。また、ＩｏＴ以外の最新技術にもチャレンジしようというマインドが社内に醸成されました。当社は定款に、ロボット、ＡＩも積極的に活用する旨を記載し、実際に新製品の開発に取り組んでいます。

ニーズに応えて広がる製品分野

――そうした新しい取り組みについて教えてください。

一つ目は、食品整列ロボットの開発です。ばらばらに置かれた食品を、一定の向き、間隔にそろえるための機械です。

例えば、動物の形をしたクッキーに印刷する際、頭と足の位置が逆に置かれていると、足の位置に顔が印刷されてしまうことになります。生産ラインに組み込むタイプの可食プリンターを使う場合、食品の向きを一定方向にそろえてベルトコンベヤーに流さなければいけません。卓上型のプリンターを使う場合でも、食品の輪郭が等間隔に描かれた紙をトレーに敷いておき、輪郭に合わせて食品を並べる必要があります。

円形や正方形といった単純な形の食品を整列させる機械はすでにあるのですが、もう少し複雑な形になってくると対応できる製品はほとんどないため、人手に頼ることが多いのです。工場で働く人からは、たいへん負担を感じる作業だと聞きました。他社と差別化を図るため、食品の形状にも工夫を凝らす食品メーカーは増えていますので、食品の間隔や向きをそろえるロボットにはニーズがあると考えました。現在は試作機が完成し、販売に向けた準備を進めているところです。

ロボットでクッキーの向きをそろえる

二つ目は、ＡＩによる不良品排除システムの開発です。印刷がうまくいかなかった商品を、ＡＩによる画像認識技術で発見し、自動で廃棄するためのものです。

こちらも食品メーカーの方々のストレスを解消するために取り組んでいます。検品担当者は、生産ラインに一日中張りついて、これは良い、これはダメと判断し続けます。先ほどの食品の整列もそうですが、こうした単純作業はとてもつらいのです。また、検品担当者ごとに良しあしの感性が異なるため、生産ラインごとに不良品率が違います。忙しい時期は検品の判断基準が甘くなるという傾向もあります。さらに、繁忙期になるたびに検品担当者を募集する食品メーカーも多く、採用コストの負担も問題になっています。このように、工場側の不満をなくし、職場環境を改善するだけでなく、品質や生産量を安定させる効果が見込まれることから、同社が開発中のシステムはすでに多くの食品メーカーに注目されています。

不良品排除システムの開発も、ＩｏＴのときと同じく専

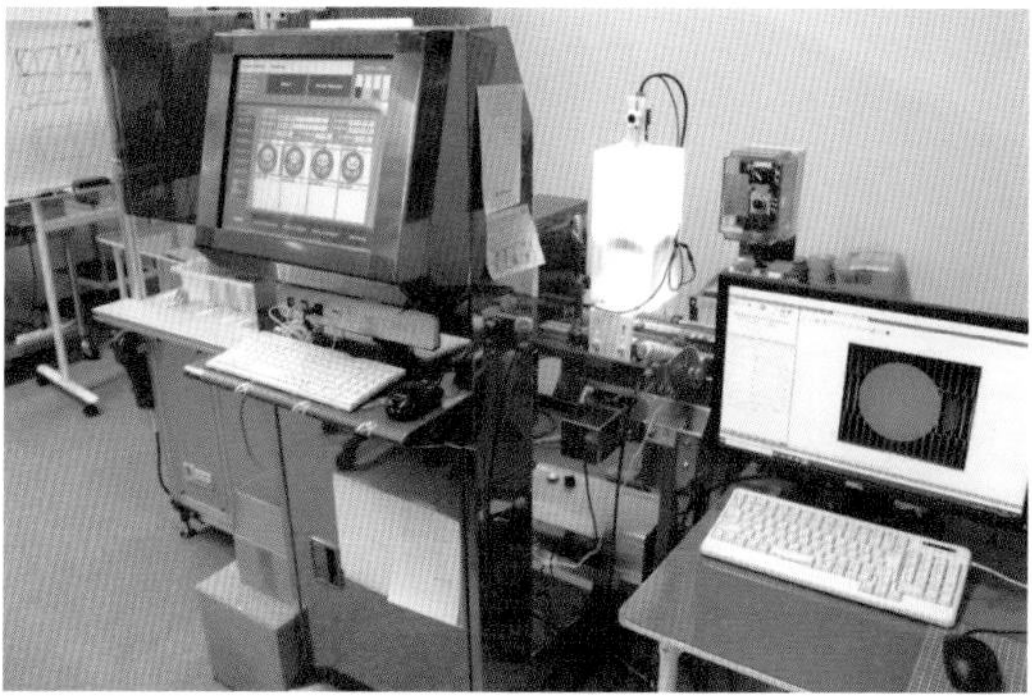

AIによる不良品排除システムの試作機

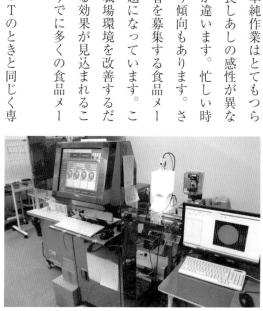

門的な能力をもつ企業と協力して進めています。ソフトウエアの部分は、半導体や電子部品の商社と共同で開発しています。連携のきっかけは個人的な食事会でした。同社に勤める知人に、「ＡＩで印刷不良の判定ができないものか考えている」と何気なく仕事の話をしたところ、「ちょうど、大学の研究室と共同でＡＩ開発に取り組んでいる。一緒にやってみないか」と意気投合したことが始まりです。同社はセンサー類を取り扱う部門をもっていたので、食品を撮影するのに使うカメラにどういったものを使用すべきかといった提案も受けることができ、有益でした。ハードウエアの開発を担当するのは、以前から可食プリンターの動きを制御する基板の設計でお世話になっている会社です。当社の製品のことを熟知していますので連携が取りやすく、頼もしい存在です。

――ＡＩを使った検品は、工業製品の製造現場などで広がっているようですが、違いはありますか。

わたしも画像認識にＡＩが使われているということをよく耳にしていましたし、食品の見ための合格、不合格の判断は熟練者でなくてもできることですから、ＡＩも簡単に開発できるものと思っていました。しかし、開発は1年前から取り組んでいますが、まだ5合目といったところです。AIを用いて工業製品を検品するのよりも難易度は高いと思います。

　AIは、規則性のあるものから学習することは得意です。工業製品であれば形がきっちり決まっていますから、学習も進めやすいでしょう。しかし、食品の形は工業製品ほど精密ではありません。例えばせんべいです。そもそも表面に凹凸があり、その凹凸が同じせんべいは1枚として存在しません。不規則な凹凸の違いを考慮し、なおかつ印刷がうまくいっているかどうかを判定するという作業はとても難しいのです。

　こうした問題を解決するに当たっては、たくさんのサンプルが必要です。現在は、不良品排除システムが完成したらぜひ購入したいという食品メーカーが、廃棄する予定だった印刷不良のせんべいを大量に提供してくれています。これをビッグデータとして、AIに一生懸命取り込んでいるところです。こうして開発者だけでなく、利用者とも連携しながら、着実に完成を目指したいと考えています。

取材メモ

取材にうかがった東京の本社はショールームを兼ねていて、可食プリンターのデモ機のほか、印刷されたたくさんのサンプルを見ることができた。クッキーにはアニメのキャラクターが鮮やかに印刷されていた。せんべいに印刷された大相撲力士の顔は本物の写真と変わらないほどの出来栄えだった。㈱ニューマインドの技術力に感心するとともに、同社の可食プリンターでつくった商品には、相当なインパクトがあると感じた。例えば、遊園地や観光地でお菓子を買うなら、パッケージに遊園地のキャラクターや観光名所が描かれているものを選ぶ人は多いだろう。中身にもそれが描かれていたらもっとうれしい。同社の可食プリンターは食品メーカーにとって差別化をもたらすツールになっていることを実感した。

なぜ可食プリンターを開発したのか、どうしてＩｏＴやロボット、ＡＩを利用しようと思ったのかを説明する梨本社長の言葉には、顧客が抱える苦労や本当に求めているものは何かといった観点が必ず入っていた。ＩｏＴによる保守サービスは、顧客の生産活動を止めないため、食品を整列させるロボットやＡＩを用いた検品システムは、顧客の工場で働く人たちのために開発を始めたものである。

取材を終え、「ドリルを買いに来た人が欲しいのはドリルではなく穴」というマーケティングの世界で有名な言葉を思い出した。顧客の真のニーズをつかみ、それに応えようとしたことが、同社の成長の源なのである。

食品メーカーをうならせる新しいアイデアの実現ツールとして、同社は最先端技術を選んでいた。顧客目線が原点にあるから、最先端技術の導入により顧客の満足度も高くなっている。例えば、ＩｏＴによる保守サービスを利用する顧客との物理的な接触は減ったわけだが、顧客からはリアルタイムの見守りが高く評価されており、つながりはむしろ強固になっている。顧客との強い関係性という小企業らしい強みを伸ばすために、最先端技術が効果を発揮するということを、同社の歩みから学ぶことができる。

（山崎　敦史）

IoT、ロボット、AI、そしてビッグデータ

小さな企業の活用術

—第四次産業革命が従来型産業にもたらす新たなチャンス—

2021年7月15日　発行（禁無断転載）

編　者　©日本政策金融公庫
総合研究所

発行者　脇　坂　康　弘

発行所　株式会社 同友館
〒113-0033 東京都文京区本郷3-38-1
本郷信徳ビル 3F
電話　03(3813)3966
FAX　03(3818)2774
https://www.doyukan.co.jp/
ISBN 978-4-496-05546-1
